ソビエト・ミルク

ラトヴィア母娘の記憶｜ノラ・イクステナ　黒沢歩訳

MĀTES PIENS NORA IKSTENA

新評論

訳者まえがき

本書は、ラトヴィアの現代作家一三人が〈We, Latvia, 20th Century〉を主題として、二〇一四年からはじめた小説シリーズのうちの一作品 *Mātes piens*（Dienas grāmata, 2015）の全訳です。著者であるノラ・イクステナは、評伝や対話という手法を用いて、ラトヴィア出身の亡命者を含む多数の著名な文化人など、現代に忘れかけられた存在に光を当てて、ラトヴィアの知と文化の多面性を知らしめてきました。また、長編短編の小説、随筆、舞台シナリオなど、多岐にわたる分野で精力的に活動しています。まぎれもなく現代のラトヴィアを代表する小説家といえるでしょう。

小説の主な舞台であるラトヴィアは、ユーラシア大陸の北部、スカンジナビア半島が大西洋に突起しながら弧を描くように囲むバルト海の東側に面しており、国土面積は北海道にすっぽり入るほどの小国です。

ラトヴィア周辺地図

スウェーデン
フィンランド
ヘルシンキ
フィンランド湾
ストックホルム
サンクト
ペテルブルク
タリン
エストニア
ロシア
ゴットランド
リーガ
ラトヴィア
バルト海
リトアニア
ヴィルニュス
ロシア
ベラルーシ
ポーランド

ラトヴィアは、二〇一八年に「建国一〇〇年」を祝賀したばかりの比較的若い国です。何世紀もの間、ドイツ、ロシアやスウェーデンなど、複数の近隣勢力に支配されてきたのち、一九一八年に独立して建国されました。この独立期に、ラトヴィア人はラトヴィア語を国語とし、独自の憲法を制定して、ようやく自国の主人公となったのです。

ところが、一九三九年にナチスドイツとソビエトロシアが締結した密約によって、独立は事実上反故とされました。以降、第二次世界大戦期には、エストニアとリトアニアとともにソ連とドイツによる度重なる侵攻を受けて、一九四五年にソ連に併合されました。それからおよそ半世紀を経た一九八九年、バルト三国の各首都タリン、リガ、ヴィルニュス間を南北六〇〇キロメールに人々が手を結んだ「人間の鎖」を経て、三国とも一九九一年に独立を回復しています。

ソ連時代、重軽工業と港湾の拠点であったラトヴィアには、旧ソ連を構成した共和国から他民族の人々が多く移住してきました。旧ソビエト・ラトヴィアの公用語はラトヴィア語とロシア語の併用となりました。ロシア語話者がラトヴィア語を知らなくとも社会生活に支障をきたさなかったのに対し、ラトヴィア人の多くはロシア語を習得する必要に迫られました。そのため、旧ソ連時代に成長し暮らしたラトヴィア人は、ほぼ例外なくロシア語とのバイリンガル話者となりました。他方、東方からの移住者の多くは「ロシア語系住民」と呼ばれています。ロシア語系住民の比率の高さは、旧ソ連時代から引き継がれたラトヴィアの特色をなしていて、人口のほぼ四割を占めたまま現在に至っています。

それでは、ラトヴィア語とはどんな言語なのでしょうか。

ラトヴィア語はインド＝ヨーロッパ語族に属し、そのなかでリトアニア語と、すでに消滅したプロシア語とともにバルト語派を形成しています。バルト語派は、地域的、また歴史的に見てもロシア語文化圏とドイツ語文化圏に挟まれているとおり、スラヴ語派とゲルマン語派の中間に位置しています。アルファベットはロシア語のようなキリル文字ではなく、ローマ字にいくつかの特殊記号を用います。スラヴ語ともゲルマン語とも、文法構造上の類似性があり、また借用語も少なくないとはいえ、それらはあくまで限定的であって、互いに通じあうほど似通っているわけではありません。

本作はラトヴィア語で書かれた物語です。物語でなされる会話は、ラトヴィア人同士であればいうまでもなくラトヴィア語ですが、相手がロシア人、またはロシア語系住民であれば、必然的にロシア語であるはずです。とはいっても、このことは読者にさして意識されません。それというのも、大方のラトヴィア人にとって、相手によってラトヴィア語とロシア語を使い分けることは、ごく当たり前で自然なことだからです。それでもテキストのなかでは、会話に限らず、あえてロシア語がラトヴィア語による音声表記で用いられているところがあります。そのような箇所については、訳出にカタカナ表記やルビを振るなど工夫をしてみました。

物語は一人称の語りで進行します。語り手の「私」は、章（―◆―◆―や―◇―◇―）が変わるたびに娘から母へリレーのように入れ替わります。その二人の「私」にも、また主要な登場人物のほとんどにも、数少ない例外を除いて名前がつけられていません。ひとりの「私」の誕生日が著者の誕生日と一致していることから暗示されているように、そしてまた、著者が自身の母親に捧げる作品だと語っていることからも、本作は著者自身の母親との関係を軸として構築された物語です。

さらに、著者は本国での出版後の新聞インタビューで、本作は長年温めてきた構想であると同時に、自分自身がもし出産を経験していたならば書くことはなかっただろう、とも明かしています。三度の結婚を経た様々な遍歴の結果、人生のある円熟期を迎えた著者が、いつかは書かずにいられなかった作品なのでしょう。また、ソ連が崩壊して一定の時間が経過し、ようやく冷静に過去を見つめ直すことができるようになったのだともいえるでしょう。小説は極めて個人的でありながら普遍性をもかねそなえ、さほど遠くない過去であるソビエト時代の生活体験を微細に蘇らせます。『ソビエト・ミルク』は、この主人公たちが生きねばならなかった時代の、女性の手になる、淡々たる葛藤の記録でもあるのです。

物語の時代は、著者が幼年期から多感な思春期を経て成長するまでの一九七〇年から一九八〇年代を中心に、その母親の生まれた第二次世界大戦末期から並行するように展開します。なお、文中に出てくる地名や通り名については、ソ連時代の前後でしばしば名称が変わっていることがあるため、混乱のないように原作にはない地図を用いて示しました。

本書は出版以来、ラトヴィア国内で五万冊を売り上げました。人口二〇〇万人足らずの、しかもラトヴィア語読者がその六割程度にすぎない国において、驚異的な記録だということができます。また、国内の文学賞を総ざらいに獲得したほか、英訳（*Soviet Milk*）はロンドンブックフェアにてラトヴィアを代表する作品として高い評価を得、さらに二〇一九年春の

リガ市中心地図と主な通り名（ソ連時代の名称）

EBRD（欧州復興開発銀行）主催の文学賞では最終ノミネート三作品のひとつに選ばれました。すでに、ロシア語、マケドニア語、ハンガリー語、イタリア語、エストニア語、グルジア語、リトアニア語などに翻訳出版されています。

なお、邦訳の刊行にあたって、新評論の武市一幸さんに大変お世話になりました。この場をお借りしてお礼を申し上げます。

黒沢　歩

ソビエト・ミルク——ラトヴィア母娘の記憶

This book was published with the support of
the Latvian Literature platform together with
the Ministry of Culture of the Republic of Latvia
and the Latvian State Culture Capital Foundation.
この翻訳作品は，ラトヴィア共和国文化省及びラトヴィア国家文化基金と
共催のラトヴィア文学プラットフォームからの助成金を得て出版されました。

NORA IKSTENA
MĀTES PIENS

LATVIAN
LITERATURE

3

母はタバコをくゆらし、ベンビィの墓を前に私としばらく腰を下ろしていた。
「どうして自分の子を食べたの？」私は母に尋ねた。
「檻から出してやりたかったのかもしれない」母はそう言って、私を強く抱き寄せた。

一九六九年一〇月一五日のことを覚えていない。自分の誕生の記憶があるという人もいるようだが、私には思い出せない。自然分娩で生まれたということは、母の胎内に正常に収まっていたのだろう。長すぎず、短すぎず、五分おきの断続的な陣痛を経て生まれたのだと思う。二五歳で出産した母は若くて健康なはずだったが、実はそうではなかったと私は後々知ることになる。私が思い描く一〇月の、木々が黄色に染まるのどかな平穏は、長く暗い時期の予感と交錯する。少なくともこのあたりの気候帯では、秋から冬へと徐々に移行する季節の境目だ。

集合住宅の中庭では、掃除婦が小難しい顔つきで黄色い落ち葉を掃き集めていた。彼女は日差しの厳しいキルギスタンから一家を引き連れてここに移住してきて、その高度な職種のために、リガ市ミチュリン通り二〇番地の住居をなんなく手に入れていた。掃除婦の幼い娘は、キルギスタン人特有のつり目をしていて、よく窓辺に腰掛けてビーツのスープをすすりながら、人なつっこく他人を住居に招き入れていた。かつての平和な時代にそこに住んでいたユダヤ人一家は、輝かしい豊かな暮らしを一九四一年に強奪されて、シベリア送りとなっていた。そのおかげで彼らは、ほんの数か月後にリガを占領したナチスドイツによって強制された黄色い星から救われたともいえる。

平和な時代にあった住居の輝きは、今やキルギスタン女性の美的センスで整え直されていた。羽目板の床はぶ厚い絨毯で覆われ、磁器の皿にヒマワリの種が山盛りとなり、ピアノの上には痰壺《たんつぼ》が置かれていた。時代と信仰がごちゃ混ぜになっていた。そのような集合住宅の一三番アパートに、私は当時のしきたりどおりに、サナギのようにきっちりと包まれて運び込まれたのだ。

時折、ある夢を見て、気分が悪くなって目覚めることがある。私は、母の乳房に吸いついて乳を飲もうとしている。乳房は大きく張っているのに、どうやっても吸うことができない。私から母の顔は見えず、母は手助けもしてくれず、私はひたすら母の乳房と格闘をしている。ふいに吸えたかと思うと、苦い不快な液体が口にあふれ、がぶがぶと飲み込むと、気持ちが悪くなってむせかえっている。

そんなふうに引き剥がされるとは、なんと奇妙なことだろう。とても自然で、気高く美しく、何世紀にもわたって称えられてきたものから——。母が子どもに授乳する。母の顔は光輝き、その眼差しは、両手に抱く神からの賜り物を奇跡のように見つめている。子どもは無心にその眼を見つめ返し、そこにあどけない声が絡まりあう。母親の乳房から流れ出るミルクは、生命の水となって子どもに注がれ、母と子を永遠に結びつける。

年若い女医であった母は、自分の母乳が子どもにとって善どころか毒だと考えていたらしい。それ以外に、出産直後に母が失踪した理由の説明がつかない。五日間も家を留守にした母は、こちこちに張った乳房をほてらせて帰宅した。

その間、困り果てた祖母は、私にカモミールティーを与えてなんとか二日間をしのぎ、それから乳児医療センターに出向いた。事態が解せない医者は私の母を「雌犬」と呼んでロシア語で毒づきながら、それでも乳児用の粉ミルクを受け取る許可を出してくれた。

どうして生まれたばかりの赤ん坊だった私に授乳しなかったの？　母と暮らした二〇年の間に、私は母に問うことができなかった。もちろん、そのことを知らなかったということもあるが、たとえ問うことができたとしても、なんの意味もなさなかった。人生は、私が母の母役となるように展開したのだから。

――◇――◇――

一九四四年一〇月二二日を私は思い出せない。リガはナチスドイツから解放されたばかりだろう。爆撃を受けた産院の窓は割れて、じめじめとして寒く、分娩したばかりの産婦たちは自分の血液で汚れた毛布になすすべもなくくるまっている。疲れ切った看護師らは、酒をあおりながら死亡した新生児を次々とくるんでいる。「腸チフス」と呼ばれた伝染病が蔓延していた。泣きわめく声があちこちから響き、爆弾の炸裂音が聞こえ、燃えつく臭いが窓から入ってくる。母は新生児室から私をこっそりと持ちだして身にくるみ、母乳を私の鼻にあてがう。私の小さな鼻から、膿と母乳と血液の混合物が垂れ流れる。私はむせて息を吸い、またむせては息を吸う。

そして、突然、静けさとともに平穏となる。

晴れやかな秋の道を、仔馬の引く馬車に乗ってリガからバビーテ村に向かっている。父が途中で何度か馬車を止めて、母に授乳させる。もうむせるのをやめた私は、穏やかに呼吸をして、無心に母乳を吸っている。美しい我が家はバビーテ村の森林地区にあった。家具はわずかで、揺りかごもなく、母は大きなスーツケースをベビーベッド代わりにした。

毎朝、父は森の中にあるモミの木の植林地を見回っている。クリスマスを迎えると、森林地区にトラックが乗り込んでくる。乗ってきた兵士たちが怒鳴り散らしている言語を、父と母は理解できない。兵士たちは車から飛び降りると、植林されたモミの木を伐採しはじめる。父は、家から飛びだす前に母を奥の部屋に閉じ込める。私はスーツケースのなかに隠されている――母は、私が呼吸できるように小さな穴を開けておいたのだ。

「人でなし！　人でなし！」父が声を上げて、モミの木を守ろうとする。

そして、殴られて血だらけになった父は、伐採されたモミの木と一緒にトラックに投げ込まれる。

兵士の集団は、悪態をつきながら家中を我が物顔に歩き回り、すべての扉を叩き開ける。鍵を閉めた部屋のクローゼットの中に、母は息を殺して身を潜めている。その膝には、なかで私が息をしているスーツケースがある。

とてつもない音を立てて、兵士たちは室内を叩き壊す。ようやく静かになり、トラックのエンジン音だけが鳴り響く。彼らが去っていったのだ。

明け方近くになってから、母はクローゼットを出る。私に授乳をすませると、自分の身に私をしっかりとくくりつけて、何重にも重ね着をしてリガに向かって歩き出す。深夜になってようやく私たちは、その直後に「ミチュリン通り」と改名されるトムソン通り（＊1）の一三番アパートにたどり着く。母は疲れ果てているが、爆破された窓をこれから塞がなくてはならない――二人とも凍えないために。

出産直後の失踪について、母が祖母とどう折り合いをつけたのかはわからない。そのことは一切話題にされなかった。私にとっての薬品と消毒液の匂いは、乳児を包み込む母乳の匂いに等しいものだった。母が産院での夜勤明けにぐったりと疲れて帰宅したときも、家で眠らずにただ寝転がっていたときも、雲のように母にまとわりついていた匂いだ。

母のバッグは、錠剤とアンプル、そして多種多様な金属器具でいつもパンパンだった。それらが産婦人科医の恐ろしい道具であることを、あとになって私は医学辞典で知った。薄気味悪い世界だ、という気がした。それなのに、どの女性もやがて母性本能から知らず知らずのうちに引き込まれていく世界。

◆　◆

夜、在宅の母は、夜更けまでランプの明かりの下でタバコとコーヒーを傍らに、うず高く積まれた医学書と医学事典に身を埋めていた。机上に並んでいた冊子には、文章の横に、子

（＊1）　一九四五年にラトヴィアはラトヴィア・ソビエト社会主義共和国となり、通りの名称が多く変更された。

宮、卵巣、骨盤、膣が、それぞれの組み合わせであらゆる角度から図解されていた。

母にとって、医学以外の世界は存在しなかった。隣室でテレビがつき、ニュース番組『ブレーミャ（Vremja）』でレオニード・イリィチ・ブレジネフ（＊1）がよどみなくしゃべり出すと、母はこれみよがしにドアを閉めたし、ゴーリキー通りの街角で夕方五時から長い列に並んで買い求めた新聞『リガの声（Rīgas Balss）』も読まなかった。

長蛇の列は、昼時の肉屋と牛乳屋の前にもできた――俗に「ドクターハム」と呼ばれていたソーセージや、限定五〇〇グラムのバターが代わり映えしないパッケージで店頭に放り込まれたときにも。そういうことに母は無知だった。医学書の山の横に、読みかけのハーマン・メルヴィル（＊2）の『白鯨』があった――生涯をかけて追い求めても手の届かなかった鯨を希《こいねが》う物語。

母に抱きしめてもらった記憶はない。私が思い出せるのは、注射針を刺す練習をしていた母の、針の刺さった太もも。それに、初めて薬剤を過剰摂取したとき、ベッドの上で唇を青くしていたこと――きっと医学の実験をしていたのだ。母が起きがけに羽織っていたガウンの苦々しい匂い。あれは、病院へ運ぶために母が預かっていたヨードチンキから漂っていた。産院の廊下――夜勤明けの母を、私はそこでよく待っていたものだ。そこから母と私はアロヤ通りのカフェに行き、薬味の濃いスープ「サリャンカ」と辛味のあるソーセージの「クパートゥィ」を食べ、コーヒーが運ばれてくると、母は手持ちのアンプルからカフェインを垂らして飲んでいた。

我が家の通りも思い出す――そこだけ時間が止まったように、まるでひと昔前の写真が貼りつけられていたように。競馬場へと向かう優雅に着飾った人々の姿は、近くの街角からとうの昔に消え、その代わりに、どこから来たのか、家や職場へと頭をうなだれてコミュニズムを目指して足早に行き来する人々がいた。人々が手にする網袋の編み目からは、パンの塊と凝乳《ケフィール》のボトルの緑色をした蓋が突き出し、布類を包んだ灰色の包装紙は茶色の細い紐でぐるりと結わえられていた。

――◇――◇――

モミの木の植林地が伐採されてから、少なくとも九年が経っていた。学校の優等生となっ

（＊1）（一九〇六～一九八二）ソ連の第五代最高指導者。
（＊2）（一八一九～一八九一）アメリカの小説家。

た私は、同級生と一緒に『私たちは平和のために！（Mi za mir!）』という人文字をつくる活動に参加して、「M」の文字が書かれた札を両手に掲げてモンタージュの一役を担っていた。毎朝、皺ひとつなくアイロンのかかった前掛けをつけてもらい、髪の毛は両肩に垂れるお下げやポニーテール、または二本の三つ編みを輪に結ってもらったりしていた。

私は母の惜しみない愛情に包まれ、すっかり甘やかされていた。そんなある日、やさしそうな長身の男性が我が家に現れた。私の義父になる人だ、と母は言った。その人が帰っていった夜、母が泣く姿を私は初めて見た。ガスコンロの上では、鍋の酢漬けカボチャが匂いを立てていた。細長い台所の、中庭が見える窓辺に座って母が言った。

「可愛い子ちゃん、私の可愛い娘。あなたの愛しいパパは連れ去られたの。小さいモミの木を救おうとしたために。小さいモミの木を守ろうとしてね。そんなことしなければよかったのに。外に飛び出してあいつらに怒鳴ったりしなければ、今もここに一緒にいたはずなのに。でも、愛しいパパは森が好きで、小さいモミの木が好きで、飛び出した。殴られて、連れ去られた。三日間探し歩いたのよ。シュキロータヴァ駅でやっと見つけたときには綿布にくるまってすっかり弱りきっていた。柵の向こうから手を伸ばして、私の手を強く握ったわ。看守が来て、棒でその手を叩いた。私の手にもぶつかった。それから、愛しいパパのことは何もわからない。音沙汰なし。遠くからの人伝《ひとづて》に死んだと知った。それからもう五年が経ったわ。愛しいパパは死んだのよ。わかる？」

そのとき、私は悲しいと感じたのかどうか、それは思い出せない。思い出せるのは、涙にむせぶ母の声が、可愛い子ちゃん、愛しいパパ、小さいモミの木と、すべてを小さな愛らしいもののように表現したことだけ。

私は、凛々しい義父を好きになった。実父のことは思い出さなかった。そもそも、記憶すらなかった。

ある日の午後、学校のそばの売店——そこに炭酸水の自動機があって、それを飲むのを厳しく禁じられていたけれど、私はいつも飲みたくてたまらなかった——のそばで、もっさりとした小柄な男が私に歩み寄ってきたかと思うと、いきなり自分は父だと切り出した。私はとっさに逃げ出した。足の向くままに疾走し、叫び声を上げて涙ながらに家に駆け込んだ。そこに、蒼白の母がいた。父は死んでなどいなかった。父は帰ってきたのだ。

——◆——◆——

　母が学校の送迎をしてくれた記憶は一度もない。送迎してくれたのは、母を養子にした義父だった。その義祖父と私は、学校の帰りにロシア古典文学のゴーリキー通りから、フランスの文豪バルビュス通り（＊1）を歩いた。そこでは、ホップの香りとチョコレートの香りが入り混じってそよ風に舞っていた。それは、平穏な家路の匂いになっていた。

　その短い道のりは、歴史空間のなかにおける時間のひと筋でしかなかった。どこか遠くの、地理的に手の届かない地帯では、ベトナム戦争の脱走者がヒッピーと麻薬とロックンロールを拒絶する由緒あるアメリカ文化のなかで人生を台無しにしていた。はるかに遠い広大なシベリアでは、人民の敵として草地に眠る者や罰を受けている者があり、その一方で、そこから生還し、定められた人生の時を日々寡黙にやり過ごしている者がいた。もっと近くのどこかでは、地下出版の書籍をむさぼり読みながら酒に溺れ、鉄のカーテンの向こう側に幻想のごとく宙に舞う自由な西側の生活を夢見て生きている者がいた。そして、もっと身近な人々は日常を生きていた。目覚め、働き、寝た。愛し合って子どもをつくり、生きて死んだ。

　アメリカ人も核戦争も私は恐れていなかった。私が恐れいていたのは母だ。母に宿る悪魔的な力は、時として外に向かってぶちまけられ、あらゆるものを、何よりも身近な愛情を踏みにじった。

そういうときの母は自分の母親を憎み、さらに自分の父親を憎み、自分が生まれた事実を憎んだ。母はトイレに閉じこもって泣きわめいた。わめき声は細長い廊下を伝って、端に立ちすくむ私のか細い骨をはてしなく震わせた。私には想像もつかない苦しみと不公平な運命を、そして生への願望を説明のしようがないほど憎悪し、まるでトンネルの闇に潜む存在の光がおどろおどろしい腐敗のとぐろを巻いているようだった。

その闇に、時には光が明滅することがあった。私と母は大きな部屋の窓辺に腰掛けていた。開かれた窓から、食べ物の匂いと子どもの声が漂ってきた。母は大きな紙に色鉛筆で、子どもが生まれるときの絵を描いてくれた。母の膝にちょこんと座っている私に、恐怖はなかった。

まず、母親の腹のなかにいる笑顔の子ども、そして母親の股から出たばかりの子どもの頭を描いた。子どもの顔の醜さは、そこに待ち受けていた苦しみと恐怖を示していた。次に、臍《へそ》の緒でつながっている母子を描いた。母と子は、両手をつないで陽気に飛び跳ねているようだった。

(＊1) 近くにビール製造業とチョコレート菓子製造業のそれぞれの工場があった。

そして、母の描いたハサミが臍の緒を切る。描き出された母親は、新生児を抱きながら、やさしさと同時に恐怖の眼差しをその子に注いでいる。私の目は、母の手の動きとエンピツの線を辿っていた。母の手は小さく白く、爪は割れ、手のひらの肌は医療手袋の内側のタルクパウダーで荒れてカサついていた。母の膝に腰掛けている私は怖くなかった。身をかがめて、母の手に自分の頬をすりよせた。

――◇――◇――

母は再婚し、もう過去を振り返らないと決心した。私は義父の養子となって、我が子同然の愛情を注がれた。実父のことは決して話題にならなかった。もちろん、私が何年にもわたって実父に会っていたことも母は知らなかった。

シベリアから戻ってきた父は重病を患い、劣悪な環境で暮らしていた。共同住宅の部屋はじめじめとしていて、床は新聞紙で覆われていた。たいがい酩酊《めいてい》していた父は、酔いが冷めるとラトヴィア大学での学生時代の話をし、植林調査のことや学生団体に抱いた反感のことなどの思い出話をした。幼い頃、父は母親に「ジャノ」と呼ばれて、女の子のような身なりをさせられていたとも言った。「いいかい、おまえは貴族の血統なのだよ」父は私にそう言った。

父が言うには、その母親が嫁いだのはドベレ町(＊1)の靴職人などではなく、「ドイツの男爵だったというわけさ」。ソ連の現実に順応できなかった私の父は、ブレジネフとアンドロポフ(＊2)の死からゴルバチョフ(＊3)の「ペレストロイカ」と「バルトの道(＊4)」まで、何一つ待てなかった沈黙地帯の一人にすぎなかった。

病気に苦しむ父を目の当たりにして、私は医者になろうと心に決めた。父を愛していたという確信はない。父が哀れになるときもあれば、父の破滅の遺伝子が私の奥深くに根を張ってだんだん大きく強くなっていくのを感じるようになり、それにどんなに抗《あらが》おうと、いつかはきっと打ち負かされると思い知らされて嫌悪したこともある。

（＊1）リガから約六〇キロ南下したところにある町。
（＊2）ユーリ・アンドロポフ（一九一四〜一九八四）は、ソ連の第六代最高指導者。
（＊3）ミハイル・ゴルバチョフ（一九三一〜）は、ソ連最後の最高指導者。
（＊4）一九八九年八月二三日に、バルト三国の人々がタリンからヴィルニュスまでの約六〇〇キロメートルを手でつなぎ、ソ連邦からの解放を求めた行動。

父が死んだ日は細部まで覚えている。共同住宅のドアを、隣人のユダヤ女性が開けてくれた。彼女は、これまでにもユダヤ特有の茶色くて、表面がべとべとする菓子をくれた親切な人だった。その日、彼女は私をやさしく受け入れて、柔らかい毛編みの肩掛けに抱き寄せて静かにすすり泣いた。それから私の手をとって、父の部屋に連れていった。父はそこにいた。すっかり痩せ細って、口を半開きにしていた。隣人たちがドアをこじ開けたのは、父が息を引きとった翌日のことだった。

シミだらけとなったソファーの上にも下にも、至る所に新聞が積み重なっていた。その紙面から、笑顔満面の労働者と縁取りされた国家指導者の顔がこちらを見て、横たわった父の遺体の下から呼びかけていた――五年分の成果を一年間で達成すると約束し、共産主義を打ち立てた人物たちの高いモラルを称えよう。（無実の、また自分の罪の意味を知らずに失われた何千人もの人々が横たわる）広大な土地に新しい町を建設し、河川の流れを断ち切ろう。教会に有機肥料の倉庫を設置し、書物と芸術と彫刻から過去の遺産を捨て去ろう。

そこに眠る父は声もなく白旗を揚げ、ひっそりと亡くなった大勢のうちの一人だった。時代に抗うことも、肉体的精神的な屈辱を忘れることも、不誠実に迎合することも、幻滅という侮辱をなかったことにもできなかった。無実の罪人として、時代のゴミ捨て場に投げ込まれた。

父が埋葬されたのは、たぶん町外れにある身寄りのない人向けの共同墓地なのだろう。母は、父が死んだことに関心をもったこともなければ、その死に様も知らなかった。自分の新しい暮らしを守り、私を守ることで精いっぱいだったのだ。


――◆――◆――


私にとっては祖父母が両親だった。母は、どこか家族的なものの外側にいた。何かを中心として私たちの生活は回り、支配され、密に絡んで、常に振り回されていた。その何かの悪魔と天使の闘いによって、私たちの日常は時空間からはじき出されて善悪の謎めいた闘いに引きずりこまれ、生死を分ける頼りない境界線上でかろうじてバランスを取っていた。

私たちは母の帰宅を恐々として待った。母がドアを開けた途端にたとえ安堵したとしても、それもほんの束の間のことで、翌日の日中夜はどうなるかはわからなかった。

私の父がどういう人なのかは知らない。祖母によれば、叔母と二人で言いくるめて、無理に母を行かせた田舎のダンスパーティで知り合った相手だという。事実はどうあれ、母はそのあとに妊娠した。それ以外に何もわかっていない。

私は母と父の出会いを想像した。どんな出会いをしたのだろうか？

母は、自分の叔母の家の狭い台所でインスタントコーヒーを入れながら、雑音混じりのポータブルラジオを聞いている。一九六九年の、そう一月だ。彼女の人生におけるある一月の朝、田舎でくだらないコミュニズム論文を読み飛ばして頭に入れてしまうと、残りの時間を医学と生命の起源という問題と、コピーでしか手に入らなかったボリス・パステルナーク（＊1）とジャン・ポール・サルトル（＊2）の作品に捧げている。

とにかく、彼女は医学の研究者を目指している。今のところ、公的に申し分なく成績優秀な彼女は、それとはまったく別の禁じられた学問も同時に修得している。母親と叔母はそんな彼女が心配でならない。連日部屋にこもって読書にふけり、二〇歳も過ぎたというのにボーイフレンドの一人もいたためしがない。

彼女は魅力的だったか？　十分に魅力的だった——痩せていればなおさら。細身にふっくらと大きな胸。髪だって、もっと明るい金髪に染めることもある。そばかすのある肌に細い腕。ファッションには関心なし。着心地のよいだぶだぶのズボンを履いて大学に行き、教師や周囲の学生たちが驚いて眉をひそめるのも気にしない。当時、女性のズボン姿は土曜日と農場の勤労奉仕にかぎられていて、普段はスカートを、たとえ流行のミニであっても控えめに膝丈で着るのがたしなみだった。

叔母が夫の朝食にジャガイモを炒めている傍らで、彼女はブラックコーヒーを飲みながら窓の外を眺めて考えている——巨大な鯨とそれに執念を燃やす粗野な船長は、抵抗しがたい強力な心の牽引という名のもとに前進させられ、海のはるか彼方にまで追い詰められている。

夕方になると母親と叔母は、イギリスにいる叔父が送ってよこしたワンピースを、ほとんど無理やり彼女に着せる。本に没頭するのをやめて、村のクラブで行われているダンスパーティに出掛けてきなさい。地元の楽隊が演奏するし、軽食と飲み物もあるうえ、なによりも踊れる。頭でっかちの町娘は田舎の青年と踊っておいで——姉妹は彼女が逃げ出さないように、クラブの入り口まで車で送りつける。

クラブのドアを開けて目に飛び込んできたものを、彼女には比較する術《すべ》がない。舞台の上で歌っている歌手の動きはまるでぎこちない。


（＊1）（一八九〇〜一九六〇）ロシアおよびソ連の詩人だが、その代表作『ドクトル・ジバゴ』はソ連において発禁処分となった。

（＊2）（一九〇五〜一九八〇）フランスの哲学者・小説家。

……白い帆船がキラキラと天海を進む、夜も昼も響きながら永遠に落ちていく（＊3）……。

ホールをうごめく者たちは、思い思いに身体を揺らしたり、腕を組んでワルツを踊っていたりする。脇にあるテーブルカウンター際には、がっしりとした田舎娘たちが髪の毛を頭上に高く巻き上げた出で立ちで群がり、その反対側では青年たちがソワソワしている。

……夜も昼も響きながら永遠に落ちていく……。

彼女は、ここで一体何をしているのだろう。なんということだろう、一体何を？　彼女には、今ここで起きていることがさっぱりわからない——存在と無？　まるでサルトルの問いかけだ。

叔父から送られてきたイギリス製のワンピースは、いうまでもなく、一瞬にしてライバル意識に燃える一団の視線をさらった。なめらかでサラサラの、金髪のボブスタイルも。

彼女を地獄谷に押し戻そうと、母と叔母がドアの外で番犬よろしく見張っていないでほしい。とりあえず、しばらくここにいて、それから出るとしよう。ゆっくり歩いて湖岸まで行き、そこでひと休みしてから帰ろう。踊り疲れて、家まで送り届けてくれた青年は、あまりにも恥ずかしがりやで挨拶さえできなかったということにすればいい。出入り口の横の隅に陣取って、人の踊りを見ているうちにだんだんと陽気にさえなってくる。

……夜も昼も響きながら永遠に落ちていく……。

彼女はふと気づく。ホールを対角線に横切って、小柄な青年が向かってくる。その軌道がどうかずれてほしい。なのに、今もこっちに向かってくる。うやうやしいダンスへの誘い。答えを考えている余地はない。すかさず片手を預け、ペアのダンスに加わる。ワルツを踊る二人。ほとんど同じ背丈の彼は、踊りがうまく安定している。頬が触れあっても、案外心地がよいものだ。ダンスが終わり、次の曲がはじまるまで、二人はほかのペアと同じように互いにやや離れて、手の置き場もなくもじもじしながら立っている。

一〇曲ほど踊ったところで、踊りの輪を離れてワインに誘われる。混雑したカウンターの

（＊3）　当時のラトヴィアで流行していたホールダンス向けの曲『Baltas karavellas』の冒頭部分。

人だかりを彼はするりと分け入り、二つのワイングラスを手にしてすり抜けてくる。二人は隅に腰掛けて、ワインを飲む。

「医学の研究者になるつもりなの」

「へぇー。僕は、とりあえず機械工場で働いている」

「どうしてこんなところに来たの？」

「叔母が住んでいるの」

「田舎はどう？」

「いいわ、本があれば田舎でも暮らせる」

「どうやって稼ぐんだ？」

「学者になるの」

「ああ、そうか、僕は勉強して航空技師になりたいなぁ……もっと踊る？」

「ううん」

「おばさんの家まで送るよ」

「そうね」

いつになく暖かい一月の夜、二人はまだ氷の張っていない湖のほとりに出る。彼は平らな小石を拾い、水面を滑るように投げ飛ばしている。その間に彼女の思考は移っていき、たとえばフォイエルバッハ(＊4)を解明しようとしている――人は自分に類推できる範囲で自然を推し量る、彼があたかも自分にたぐりよせようとしているように……。

小石が軽やかに水面に触れながら、次に落ちる場所まで跳ねている。けれど、彼女は学位取得のためにフォイエルバッハの無神論の定義を証明しなければならない。小石は沈む。

彼が彼女をお茶に誘う。すぐそばの森番小屋で。そして、一夜を明かす。

――◇――◇――

父が死んでからというもの、既存の体制と母に対する憎しみが私の内に、徐々に、でも確かに膨らんでいった。臆病な母は自分の過去に怯え、登校前の私に毎朝決まって言いふくめた――先生の言うことはぜんぶ覚えて模範生になりなさい、反抗しちゃだめ、ピオネール(＊1)と共産主義青年同盟の行事には積極的に参加しなさい、と。

(＊4)(一八〇四～一八七二)ドイツの哲学者。
(＊1)旧ソ連における少年少女の共産主義組織「全ソ連邦ピオネール組織」の略称。

母を背後で守っていたのは、義父が大祖国戦争(＊2)の勝利軍にいたことであって、それはラトヴィア共和国大統領の警備隊員だったことや、義父の兄がドイツ軍に志願したという別の真実を赤く染めて塗りつぶしていた。兄弟が対峙した、血みどろの歴史のポルカ。

深夜になると、母と義父は台所でひそひそと兄弟の話をしていた。義父の兄は祖国の裏切り者として処刑される前に、身に覚えのない何らかの裏切り行為で拷問されて苦しめられた。ロシアの犬ども――押し殺すような声で義父は言った。私にはさっぱりわからなかった。その犬どもとスクラムを組んでベルリンくんだりまで行き、五月と一〇月(＊3)の祝賀行事では犬どもの行進に加わり、カチカチのスモークソーセージ、インスタントコーヒー、同盟国ブルガリアから届いた酢漬けのキュウリとトマトなど、普段は入手できない食品を袋入りで受け取っていたのだ。

母方の叔父はロンドンで裁縫工場を営んでいて、見たこともないような品々を送ってよこした。その美しい布やかせ状態の毛糸と端切れで、母はドレスを縫ったものだ。

母は年に二回、ソ連当局に実兄を訪問する許可を求めて請願書を書いた。そして年に二回、母は公式回答をロシア語で受け取った――「フテキセツ」。一〇年にも及ぶ母と政権との間で行われた書簡のやりとりは、ロンドンで執り行われた叔父の葬儀に参列する許可を求めて終わった。その回答もまた「フテキセツ」。

そのような一連の不条理をよそに母は、私を忠実で素直な、新しいソ連市民の路線に乗せようとして必死だった。それに反比例するように私の内には、人々に二重人格を演じさせている、ありとあらゆる偽善的で相反する存在への憎しみが湧いた。五月と一〇月の行進で赤旗を高らかに掲げて、世界最強の軍隊と革命とコミュニズムを礼賛する人々が、自宅に戻ればそのすべてを強いアルコールで消毒し、いつかきっとイギリス海軍が入港してロシアの軍靴から解放してくれるにちがいない、と胸の前で十字を切って待っていたのだ。

私は学校で与えられた虚構の役割を忠実にこなしつつ、ますます自分の殻に閉じこもり、アパートのひとつ上の階に住んでいた孤独な教授の死後、手に入れた『医学百科事典』に夢中になった。新しい入居者が亡き教授の蔵書を窓から放り投げたことから、瞬く間に集合住宅の中庭に本が山のように積み上がった。誰でも勝手に、その山から本を引っ張り取ることができた。私はぶ厚い百科事典を何巻も、階段を引きずって部屋に持ち込んだ。母は目を丸

（＊2）　旧ソ連諸国で使われる用語。第二次世界大戦のうち、ソ連がナチスドイツと闘った一九四一年六月二二日から一九四五年五月九日までの戦いを指す。

（＊3）　五月九日は大祖国戦争の戦勝記念日で、一九一七年一一月七日はロシア革命の記念日。

くして見つめながら、それを止めなかった。娘との間に生じて大きくなりかけた亀裂を、それ以上深めたくなかったのだ。

そこには、「人間」と呼ばれる嘆かわしく空しい創造物の真実があった。血管錯乱、腸管コイル、腺《せん》と分泌物、リンパと動脈、陰茎《いんけい》と膣《ちつ》、睾丸《こうがん》と子宮。聖なる真実において、これほど多くの繊細な生命のメカニズムが相互に作用するなら、あらゆる偶然が致死的となって当然なのに、そうはなっていなかった。死ぬためでなく、生きるための形成なのだ。その物語のなかで、死は避けられない偶然の通過点にすぎない。

――◆――◆――

母のことを、母の誕生を、そして自分の誕生を思うと、忌々しい偶然なのか、それともなにか理解しえない大計画の因果かもしれないという、同じくらい忌々しい条件を考えずにはいられない。人生は生まれた時と場所で決まる。どこか別の場所で生まれたなら、別の人生があったはずだ。たとえば、アメリカのウッドストックに一九六九年八月に生まれたなら。

その年、カウンターカルチャーの象徴となったロックフェスティバルの期間中に三人が死亡している。一人はヘロインの過剰摂取で、二人目はトラクターに轢かれ、三人目は高層の建造物から落ちた。同時に二人の子どもが生まれ、さらにフェスティバルの九か月後には数千人が出生して、ウッドストックの住民となった。

私がイメージする母は、望まない予定外の妊娠をし、決して会うことのないロンドン在住の叔父が送ってよこしたコートを羽織って灰色に染まる秋のリガを歩いている、そしてきつくなったコートのボタンが一つ、大きな腹の上でかろうじてかかり、すっかりすり減ったブーツを履き、脇に内分泌学のノートを抱えている、そのようなソビエト・ラトヴィアの医学生ではない。

私が思い描く母はそんなふうではなく、つややかな長髪を垂らして、額にリボンをつけ、服からはみだしそうな大きな腹は花柄のブラウスの下に半分隠れ、だぼだぼのジーンズをはいている。並行するまったく別の世界は混沌とした自由に支配され、ドラッグと精液の臭いを放っている。イギリスのロックバンド「The Who」のもち歌『*See me, feel me*』がはじまるとともに陽が昇る。自由と世界に境界はない。母はマリファナを二回吸引すると、運よくやや早めに産気づいた。

歴史的には決してありえないこととはいえ、私の母はどこかヒッピー的だった。母はあえて自分を実験台にして、直接的には実際に何かを用いて、間接的には自分が生まれ、生きる定めを受けた時代をジョキジョキと切断しながら、しばしば別のもう一つの霧のなかに生きていた。私は思い出す――馬が姿を消して久しく、何かの作業場に様変わりした競馬場の隣にあるタンポポの野原でワインに酔っている母を。

競馬場は母にとって、どこか別の、気ままで幸せで自由な生き方の証しだった。タンポポの上を美しく若い駿馬《しゅんめ》のように走る母の足下に絡まりそうになりながら、私は仔馬のように飛び跳ねて母を追いかけた。母が息を切らしてタンポポの上に寝転ぶと、私も寝転がった。私の小さな頬が母の胸に当たった。ふっくらとした柔らかな乳房に、自分の頬をさらに強く押しつけた。そんなふうに横たわった私たちの自由と世界に境界はなかった。

のちに大変革が起こって、母の生きられるときがやっと到来したと同時に、母の人生が終わってしまったとき、母が生存中に越えた境界を私は理解できるのだろう。もっとも大事な生死の境目のことも――その細部まで知り尽くしていた母が日々接し、恐れずに越え、最後の別離のときまで繰り返し戻ってきた境目。

――◇――◇――

念願叶って、私は医大に合格した。幸運なる状況の一致と、医学志望の熱意が功を奏したのだ。医大は、戦禍をくぐり抜けて代々有能な医者を輩出してきたユダヤ人家系の強固な伝統を支えとして、目には見えない医師王朝のマフィアに支配されていた。部外者には容易に破れない壁をもってしても、私の意志を食い止めることはできなかった。

私の机には、名もない死人の頭蓋骨が置いてあった。義父が、地方のうち捨てられた墓地から掘り出してきたものだ。頭蓋骨はさまざまな液体浸けにされて、青白い輝きを放っていた。母は勇敢にこれに耐えて、料理用の大鍋を提供までしてくれた。毎日、日がな一日頭蓋骨と顔をつきあわせていた私は、骨の部位の名称をラトヴィア語とラテン語で暗唱していた。蝶形骨（Os《オス》 sphenoidale《スフェノイダーレ》）、後頭骨（Os《オス》 occipitale《オッチピターレ》）、側頭骨（Os《オス》 temporale《テンポラーレ》）、頭頂骨（Os《オス》 parietale《パリエターレ》）、前頭骨（Os《オス》 frontale《フロンターレ》）、篩骨（Os《オス》 ethmoidale《エスモイダーレ》）、上顎骨（Maxilla《マクシッラ》）、頬骨（Os《オス》 zygomaticum《ジゴマティクム》）、口蓋骨（Os《オス》 palaticum《パラティクム》）、涙骨（Os《オス》 lacrimale《ラクリマーレ》）、鼻骨（Os《オス》 nasale《ナサーレ》）、舌骨（Os《オス》 hyoideum《ヒョイデウム》）……

私の最良の友は、「マルティンシュ」と呼ばれる解剖用の亡骸《なきがら》だった。一杯のウォッカと引き換えに夜更けの密室に入れてくれ、フォルマリン漬けのプールから必要とする体の部位をつまみ上げてくれたので、私は何時間でも好きなだけ切り刻み、解剖し、縫うことができた。

生命の謎を解く鍵は死のパズルにあった。人間を単体としてとらえなければならない。生命のない肉体は命の土壌だ。死体にはマルティンシュのポジションをとらせる——死人は死人でしかないのだから。

勉強熱心な私は、ユダヤ人の老教授の目に留まった。教授は言った——若い女性にしては珍しく、人間の体の神秘を知ろうとする能力がある。賢すぎるのは、結果的によくないことだろう。自分の人生を患者の人生と切り離してとらえなければならない。生死の鍵を握るのは私ではない、と。ほかにもあった。存在に口を出してはいけない、と。

年老いたユダヤ人に失うものはなかった。ある夜、解剖学の教室に入ってきた教授が私を見つけると、金属のタライのなかでフォルマリン漬けにされている白い子宮の上に身をかがめて訊いた。「神の存在を信じているのかね?」

思いがけない質問だった。神なるものすべては、実用的な情報源から抹殺されていた。そのような場で、答えに窮する問いかけだった。

「まだ会ったことがありません」私は答えた。

まだ会ったことがない——この文句は、それから何年も経て、生涯忘れられない場で繰り返しやってきた。生涯。一生には長期的な響きがある。自分に一生がもたらされると、私は思っていなかった。

◆　◆

七、八歳くらいだったたか、子どものころ、ひとときのショッキングな思い出がある。私は声を失いかけたのだ。

ある美しい秋の午後、私は隣家に住む友達と一緒に、競馬場の前で早くも黄色に染まった木の葉を拾い集めていた。木々伝いに何かが焼けるような臭いが漂っていたけれど、とくに気にならなかった。競馬場の過去の栄光を下敷きとした近所の菜園では、秋になると誰かがよく何かを燃やしていたものだから。

ところが、きつい臭いが強まったかと思うと、突如として競馬場の屋根から巨大な炎が吹き出した。炎はたちまちにしてかつての豊かな時代の美しい建造物を襲い、瞬く間に人々の叫び声と、救急車と消防車のサイレンが鳴り響いた。

私と友達はまるで石のように固まって動けず、崩壊の光景を呆然と見つめていた。ポケットは、紅葉した葉っぱでふくらんでいた。一台の救急車から母が飛び降りた。母はヒステリックに叫びながら消防士のところへ飛んでいき、バケツを掴んで泥沼のような排水溝から水をすくうと、火に包まれた建物を目指して疾走した。私はとてつもない恐怖にとらわれて泣き出し、夢中で母を追って駆け出した。屋根が焼け落ちたとき、私と母は競馬場のステージのそばで押さえつけられた。

救急車のなかで母は精神安定剤らしき注射を打たれ、私は嗚咽しながら、たったひと言を言おうとしていた――「家《うち》に」。焼けた競馬場から家まで、ほんの少しの距離を歩いたときが忘れられない。私が腕を引っ張る母は、どこを見るともなく宙を見つめながら従順についてきた。私はまだ泣きやまないまま、たったひと言だけを言おうとしていた――「家《うち》に」。

まさしく、ヴァルプルギスの夜（魔女たちの夜会集会）となった。精神安定剤は早くも効果が切れ、母は夜通し、手当たり次第に自分の部屋のなかを叩き壊していた。私は祖母に風呂場に押しやられ、義祖父が部屋のなかの母に近寄ろうとした。母の怒声が聞こえてきた。母は叫んでいた――「人殺し、人殺し、人殺し」。

「お願いだから静かに」――祖母は、部屋のドア越しに涙ながらに懇願していた。すると、母の声は号泣に変わった。何事かと心配した隣人たちがドアを叩く音がした。そして静寂。

償いのような静けさが風呂場の闇と溶けあい、そこに私は涙ぐんで座ったまま、まだそっと声にしようとしていた――「家《うち》に」。

◇　◇

一九七七年の透けるように美しい夏日だった。私は夜勤明けの朝に院長からの電話を受け、レニングラード（現在のサンクトペテルブルグ）で婦人科と内分泌学の研鑽を積めるかもしれない、と言われた。延々と終わりのない出産、帝王切開、計画的中絶もしくは緊急中絶、筋腫、ポリープ、膀胱炎とひっきりなしに続く、仲間内で「屠殺場」と呼んでいた夜勤明けに、レニングラードへ行って机に向かえるとは信じられないような話だった。その日、私はそのままエンゲルス通りに直行して、申請の手続きをすることになった。「短い面談があるだろうが、単なる形式的なものだよ」と院長は言った。

地獄の玄関に惹きつけられた。天国に行けるだろうか、それとも罰を受けるのだろうか。コーヒーにアンプルのカフェインを垂らして気を引き締めると、私はエンゲルス通りへと向かった。道すがら自宅の前を通りすぎた。義父は朝食の支度をし、母は登校前の娘の髪を編んでやっているだろう。自分が属していない家族の暮らしの前を通りすぎた。そこに私は、別世界から来たゾンビみたいに生息しているだけだ。別世界の謎にますます深く引き込まれ、生死の秘密を明かそうと確約してくれるトンネルに私は誘い込まれた。

　単なる形式的なものだ、と院長は言った。私が目指した建物の地下で、私の生まれる四年前に新しいソ連政権が無実の人々をまさに形式的に殺し、殺された人々の血は特別の側溝を伝って自分が生まれた町の下水を満たした。（＊1）いや、頭上の電球に煌々とまぶしく照らされ、息の詰まるような小部屋に押し込まれ、身に覚えのない罪を理解できないまま、処刑か広大なシベリア送りを待たされていた。罪は日常という、そんな時代だった。単なる形式的なものだ。この地獄めぐりをするしかない。レニングラードで学問の発見と自由な息吹が待っている——体制に押し潰されたリガにはない自由の息吹が。

　エンゲルス通りの建物で私は身なりのいい紳士に丁寧に迎えられ、執務室に招き入れられた。机上には、水差しとコップが一つあるのみ。前置きもなく男が切り出した。

「君はとても有能な若い医師だが、生い立ちが複雑だ。質問に、短くわかりやすく答えなさい」

「実のお父さんに会ったことがあるかね？」

「いいえ」

「お父さんが祖国の裏切り者だったことを知っているかね？」

「いいえ」

「もし知っていたら、お父さんと連絡を取ろうとしたかね？」

「いいえ」

「お母さんは、君の叔父の話をしたことがあるかね？」

「いいえ」

「その人が、ロンドンで反ソ連的な扇動活動をしていることを知っているかね？」

「いいえ」

「将来、その人に会ってみたいかね？」

「いいえ」

「あの日、あの時間に解剖学室で『まだ会ったことがない』と言ったのは、どういう意味かね？　誰に会ったことがないというのかね？」


（＊1）一九四〇年、ソビエト政権によるジェノサイドとシベリア追放のこと。

「神です」

「神の存在を信じてるのかね？」

「いいえ」

「よろしい。レニングラード行きの合否は院長に知らせよう」

その日の午後、院長から電話で、レニングラードで学問が継続できることを祝福された。

その一時間後、青い炎に燃える競馬場へ出動となった。私は、バッグに各種アンプル剤を放り込んだ。あまりにも興奮していて、どうも現場でおかしな振る舞いをしたらしい。精神安定剤らしきものを注射された。ほかのことは一切思い出せない。


―――◆―――◆―――


レニングラードから戻った母は、突如として職を失った。黙りこくって自分の殻に閉じこもり、コーヒーや紅茶を入れるとき以外は部屋から出てこなかった。

私たちの日常は、並行する二つの世界で展開した。私と祖父母の部屋のほうでは、朝が早くからはじまっていた。義祖父が朝食の支度をし、祖母が私の制服にアイロンをかけ、髪を三つ編みにしてくれた。私は教科書とノート、鉛筆とペンと消しゴムの入った筆箱を鞄に入れた。学校までは祖母が送ってくれた。祖母の温かい手に、私の手はしっかりと握られていた。学校の前まで来ると、決まって祖母との別れが寂しくなった。祖母は私を抱擁して、頬を寄せて言った。「さあ、行ってらっしゃい、おチビさん」

私は熱心に勉強しながらも時計をにらんで、義祖父が学校に迎えに来てくれる午後になるのを待った。義祖父はどの親よりもはるかに高齢だったけれど、背筋をピンと伸ばした長身で際だっていた。

下校途中、私たちはよく肉屋や牛乳屋の行列に並んだ——物資が貧窮していた時代特有の表現で、そこに何かが放り込まれていたならば。夕刊を買い求めるキオスク前の行列にも並んだ。そして、帰宅すれば、義祖父がつくった夕食が待っていた——世界一美味しい、ソーセージとマッシュポテトと煮込みキャベツ。

夜のテレビ番組は、私たちの住む国がいかに繁栄しているかをロシア語とラトヴィア語で語っていた。我が大国の指導者ブレジネフの長々しい演説を、祖母はひと言も聞き漏らすまいと凝視していた。それも、実に人間らしい理由からだった。祖母はブレジネフの入れ歯が粗悪なものだと信じて疑わず、演説中に落ちないかと、気が気でなかったのだ。

時折、夜になると私は、母が閉じこもっている部屋に入った。室内は本や書類やメモがうずたかく積まれ、飲み干したままのカップが重なり、タバコの吸い殻で山となった灰皿が散らかっていた。ベッドの上の母は無造作に書きつけたノートをめくっていて、隣室から入ってきた私に少しの関心も示さなかった。祖母、義祖父とも、母はほとんど接触がなかった。私はしばらく腰を下ろしたまま、私たちの部屋とまるっきり違う母の部屋を眺め回すと、無言のまま部屋を出た。

そんなふうにして日々が過ぎていった。私は自分を守ってくれる祖父母を、誰よりも世界一好きだった。「おばあちゃんとおじいちゃんは死なないよね？」祖母や義祖父の膝の上にちょこんと座りながら、私はつぶらな瞳で正面から尋ねたものだ。その後、私たちを引き離したのは死ではなかったが。

ある午後のこと、私は校舎の階段を二段飛びにウキウキと下りて、学校から駆け出した。義祖父ではなく母が迎えに来てくれたのだ。そのことに、私はおののいた。母は私に近づいて頬を寄せてキスをし、私のカバンを手に取って言った——「市場に行くわよ」。

市場？　高価なものしかない市場に、私たちはめったに行かなかった。市場に立つ浅黒い男たちの前には大きな旅行用トランクが広げられていて、そこには見たことも食べたこともないありとあらゆる珍しい品が入っていた——香しい黄色いメロン、アボガド、緑色のブドウ、それに彼らが「フルマ」と連呼するオレンジ色の果物（ロシア語で柿）。

珍しい品々が連なる間を母は私を連れ歩き、欲しいものをなんでも買ってくれた。私は洋梨二つと柿一つ、それにナッツらしきものを一つかみ選んだ。それは食用の栗だと、母が教えてくれた。まさか栗が食べられるなんて、思いもしなかった。

市場の一日は、いつもの幸せな日々と違って不思議な感じがした。異国の果物を買い込んだあと、母は私を市場のカフェのテーブルにつかせた。母はココアを二つ注文したあとで私に尋ねた。「田舎に、一緒に行きたくない？」

母は小さな救急センターの職を斡旋されたのだという。私にとってもいい話だ、家に菜園があって、猫か犬も飼えるだろう。きっと、いい暮らしができる。私は大きな紙包みを手にして座ったまま、今とはまったく別の、いい暮らしというものを無邪気に思い描いてみようとした。

「それで、おばあちゃんとおじいちゃんはどうなるの？」

「会いに来ればいいのよ、会いたくなったらいつでも」母は言った。

私はまるで小動物のように、見知らぬ自由な世界を嗅ぎつけようと興味津々に鼻を突き出しながら、愛しく温かい巣を出るのが怖かった。家が近づくにつれて、そんなことはできるわけがない、という思いが募ってきた。

祖父母は台所で、がっくりと肩を落として悲嘆にくれていた。すでに母からその話を聞かされていたのだ。母は私と祖父母を残して、その場を離れた。私たちは抱きあって泣いた。おチビさん、私のおチビさん――祖母は私の三つ編みの髪を撫でて言った。気丈な義祖父が涙を流すのを初めて見た。ほかにどうしようもなかった。私は母の子どもであって、母は自分の子どもと暮らすことを望んだのだ。

―― ◇ ―― ◇ ――

ネヴァ河通りにあったラリサ・ニコラエヴナの昔ながらのアパートは、想像の世界を現実のものとした。かつてのペテルブルグという町を「レニングラード」と呼ぶことを頑なに拒んでいたこの家主は、彼女が言うところの「過去の贅沢」も、新聞や糊（＊1）を食すほど貧窮した町の包囲時代も知っていた。医学には無関心だったけれども、エセーニンのことなら一晩中話が尽きなかった。とはいえ、エセーニンを偉大な詩人だと思っていたからではなく、その死に様の噂話に夢中だった。「ここで多くの人がそんなふうにして亡くなった」——彼女はそう言って、政局による闇の仕業だと確信していた。

そんな陰謀説に、私は関心がもてなかった。朝から出向く研究所で顔を合わせるロシア人の同僚たちはみな女性で、コーヒー、タバコ、カフェイン、そして茹でビーツを主食とし、短髪にやぼったい厚手のジャンバーとだぶだぶのズボンという出で立ちで、生殖と不能の神秘の解明に没頭していた。知的なロシア語を話す彼女たちでも、時には辛辣な俗語を差し挟んだ。夜はアルコールを薄めて飲みながら、朝はしっかり冴えた頭で顕微鏡をのぞき込んでいた。

それが神秘でなくてなんだろう？　子宮に流れ込んだ精液は、数千個の尻尾を動かして卵巣を目指す。強固な壁を突破する途中、疲れ果てて生存競争に負ければ卵子にお目にかかることはできず、受精することもなく、九か月後に人間となる実をつけることもない。偶然の連鎖か、定められた必然か、その前で私たちはただの黒子《くろこ》にすぎない。学問とは、神なる行脚の右往左往をむなしく追いかけるだけなのか？　右に傾けたはずの人生が、もう左へと傾

（＊1）　セルゲイ・エセーニン（一八九五〜一九二五）はロシアの詩人。ホテルの一室で自殺したとされる。

いてしまった、そんなふうに書いたブロッキーの詩のように。

細胞のサンプルにとりつかれていた私たちは、夜にはアルコールを希釈《きしゃく》して飲みながらブロッキーの詩を読んだ。ブロッキーがロシアを追放されたのは、ほんの六年前のことだ。(＊2)今ごろ、彼はきっとニューヨークの路地をぶらついていることだろう。同じとき、私たちはレニングラードで自由思想の薄氷の上を歩いていた。

ラリサ・ニコラエヴナ(アパートの家主)の隣人に、まさしくロシア女性らしいセラフィマという人がいた。夫は傷痍《しょうい》軍人で、酒を飲んでは妻に暴力を振るった。殴られれば殴られるほど、セラフィマはますます夫を愛した。しかも、いつかは母になれるという希望を捨てていなかった。正教会の洗礼を受け、朝も夜もイコン画と蝋燭を忍ばせた角部屋で、子を授けてほしいとそっと祈り続けていた。

彼女はしばしば私たちのところに来ては、持参の手料理――キャベツ入りピロシキ、ヴァレニキ、(＊3)カツレツ、ボルシチでもてなしてくれた。ラリサ・ニコラエヴナの台所で私たちがセラフィマの手料理を食している間、彼女はグラス片手に寂しそうに歌っていた。子どもが母のところに行かず、天国で天使のように暮らしながら母に会えないというロシア語の歌だった――「可愛い赤ちゃん、あなたがいない私はどうしたらいいの」

「可愛い赤ちゃん、あなたがいない私はどうしたらいいの」というセラフィマの願いと苦しみを、私は知らなかった。自分は妊娠し出産したというのに、私には母としての感情と母性本能が備わっていなかった。神髄まで知り尽くしたいと望んだ神秘から、何者かに遠ざけられていたのだ。我が子に授乳したくないがために、私は数日間家を空けた。私の乳は、不安と崩壊の苦い乳なのだ。私は我が子を、その乳から救ったのだ。

「可愛い赤ちゃん、あなたがいない私はどうしたらいいの」セラフィマの歌声を聞きながら、私にある実験がひらめいた。母なる自然をとおさずに、地獄の玄関で否定した神を見返す方法だ。同僚たちもまた、この実験に乗り気となった。あとはセラフィマを説得するだけだ。

夜更けに、ラリサ・ニコラエヴナの台所で私はセラフィマに説明した――妊娠するためには、彼女の身体がどうなるべきか。しかし、そのようになっていない卵巣を描いてみせた。大酒飲みの暴力夫の精子が群れをなしてそこに疾走しても、セラフィマの要塞を突破する力がないことを説明した。セラフィマは目を見開いて、恐る恐る見つめながら十字を切って繰

（＊2）ヨシフ・ブロツキー（一九四〇～一九九六）はロシアの詩人。一九七二年にソ連から国外追放となり、一九七七年にアメリカの市民権を取得した。

（＊3）ウクライナ料理の水餃子で、中身の餡は挽肉、キノコ、野菜、チーズ、ベリー類など。

り返した――「とんでもない《ウパシィ ゴスパジィ》。とんでもない《ウパシィ ゴスパジィ》」

　思いきって私は言った。

「あなたのろくでなしに競争の手助けをしてあげる。あなたがそんなに欲しがっているのだから、信心深く善良に心底欲しがっているのだから、自分の赤ちゃんに思い焦がれているのだから」

　セラフィマの動きが止まり、表情がこわばった。

「誤解しないで。あなたたち二人のために、私はただ医者として救いの手を差し伸べるだけなの」

　三日三晩考え続けて、セラフィマは決心した。彼女のタイミングのよい日の早朝、私たちは研究室で彼女を出迎えた。彼女がコンドームのまま脇で温めながら抱えてきた暴力夫の精液を、私たちはラジエーターの上でさらに温めてから、彼女の子宮に挿入した。その後、私たちが見守るなかで、彼女は横になって両足を高く上げて半日を過ごしてから帰っていった。

　しばらくして、セラフィマの妊娠が判明した。彼女はラリサ・ニコラエヴナの台所にやって来て、両膝をついて私の両足を抱きしめ、涙ながらに繰り返した――「聖女《スヴャタヤ》、聖女《スヴャタヤ》、聖女《スヴャタヤ》」

◆　◆

私たちは列車に乗っていた。旧市街のシルエットが背後に消えると、窓の外を疾走する新興住宅群には別の暮らしがあった――同じ区画、同じ食器セット、同じ低いテーブル、同じ間取りのアパート、その入り口の前には同じ足拭きマット。朝、人々は塊となって各自の職場へ流れ出し、夜は逆に流れ込み、計り知れず偉大なる祖国のテレビ番組を同じように見ては、思考が画一化されていた。

そうしたすべてを私たちは列車の窓越しに眺めていた。列車は森に入り、野を抜け、車窓から見える家と停車駅の人影はまばらになっていた。私と母は、片田舎の小さな駅に降り立った。列車は汽笛を鳴らして遠くに消え去り、母は一服した。そうだ、これから未知の新生活がはじまろうとしていた。

あれは晴れやかな春の午前中だった。祖父母との別れが辛くてたまらなかった私は、三日三晩泣きどおしだった。母は何も言わなかった。出発前夜に耳にしたことを、私も母に決して言わなかった。祖母が自室ですすり泣きながらつぶやいていた。

「おチビさんを奪いとっていく。心から引き離して連れていく。なんと冷たいの？　私たちに愛され、大切に育てられたのに。これからいったいどうなるの？　あの子はよくおかしくなる。おチビさんを思うと、一瞬たりとも安心できないわ。服に皺ひとつつけないで、笑顔で帰宅した子はどこなの？　私の手づくりの翼をつけて、白鳥や星や雲の役を演じて踊ったのは誰？　成績優秀で、私たちを喜ばせた秀才はどこ？　いったいどこに行ってしまったの？」

「初めてのときの、あの娘《こ》のなんと恐ろしかったこと。そのときから、その後も、何度も、いつも。獣のような目つきで食いかかってきて、古い食器棚の引き出しから銀のフォークをつかみとって私の顔に投げつけて怒鳴った——嫌い、嫌い、大嫌い。どこからあんな憎しみが？　あれほど寄り添っていた娘なのに。この身体に縛りつけてぴったりと身を寄せあって、凍ったばかりのダウガワ河を越えた。あの子の心臓は、私の心臓に密着してドキドキしていた。ならず者が家中を壊し回っていたとき、私が洋服ダンスの中に身を潜めていたとき、あの子はすぐそばで息をしていた。私からあの娘を引き離そうとする者があったなら、きっとその人を殺したわ。なのに、今は私があの娘に殺されそうだ。可愛い孫に授乳もしないでほったらかした。家から飛び出して消えて、自分の子どもを置いてきぼりにした。おっぱいをあげなかった。おチビさんを救ったのは私だわ。おチビさんは大きくなって花開いた。清らかな美しい花のように。それを今さら奪っていくなんて……」

母と私は、しばらく線路を歩いていた。「気をつけなさい」と母は言った。「ポイントのところで足を挟まないで」

線路のポイントに注意をして越えながら、足下を通過する線路の区分を私は数えていた。それからの数年間、線路は私が額をつけるところとなった。線路のそばに腰を下ろすと、祖父母のそばに戻っていけるような気がした。祖父母は、私が帰宅するたびに、時間をぶつ切りにされて暮らしていた。私も同じだった。走り過ぎる貨物列車は、線路沿いの土手に黄色いトウモロコシの粒を落としていったものだ。その粒を小石とより分けて拾い集めることで、私は引き離された一秒、一分、一時間、そして一日の寂しさを埋め合わせていた。

でも今は、美しく咲き誇る春の道が、私と母を新しい生へと導いていた。学校で教わっていたとおり、みんなすべてうまくいき、もっとよくなって万事よくなる、と。そして、ほんとうに美しい春の道だった。白と黄のアネモネが道端から挨拶をよこした。空は透けるように青く、はるか遠くの匂い立つような静けさにキツツキの音がした。白樺が目にまぶしいほど、鮮やかな新緑をつけていた。澄んだ空気が母のタバコの煙と溶け合って、それまでに経験したことのない、未知のわくわくする感じをもたらした。離別の悲しみは追い払われ、寂しい幼心は癒やされ、奇跡が約束されていた。

私たちが住むことになった村外れの小さな家は、住み慣れた町のアパート暮らしとはまるで違っていた。井戸水を汲んで、竈《かまど》とストーブに薪をくべる。昔ながらの汲み取り式トイレからは、鼻をつくようなきつい臭いが漂っていた。ただ、私の学校も母の救急センターも徒歩で一〇分以内という近さにあった。雑草が生い茂る庭に、野生の黄色いチューリップが咲き、アンズの木が数本と桜の老木、それに見知らぬ灌木が赤い房の実をつけていた。

学校の初日から夏休みまでの数か月間、私の境遇は悲惨なものだった。母に古びたレンガ造りの建物に連れていかれた私は、猛獣たちの穴に投げ落とされたように立ちすくんだ。町から来た九歳児は、必要とされないどころか招かれてもいなかった。

田舎の子どもはがらりと様相が違っていて、人見知りで猜疑的だった。私は、まるで宇宙人のようにじろじろとした視線を集めた。彼らは、どうにかして私をあざけり、いじめる方法を思いついては喜んで満足した。先生は見て見ぬ振りをしていた。その先生もまた、私の母を怪しんでいたのだ。

新生活がはじまって最初の一か月間、私は目を涙に曇らせて過ごした。毎日、下校途中に線路まで行き、土手のところに腰を下ろして遠くを見つめた。そして、想像のなかで町に戻った。祖母に髪を編んでもらい、学校から帰ると義祖父がソーセージとマッシュポテト、そして煮込みキャベツをつくって待っていてくれる。別の時間が流れる、静かな通りと家に戻ることができたのだ。

母の救急センターへの出勤は早朝で、帰宅は深夜だった。そのため、私は身の周りのことを自分ですることになった。ストーブと竈《かまど》の火入れも、井戸水での洗濯も、スープづくりも覚えた。野良犬が転がり込んできて、私と同じ部屋で暮らしはじめた。ものわかりのよい賢い犬だったけれど、私は虱《しらみ》をつけられて、学校にいるとき、ここぞというときに襟元でうずいて身をよじらせなければならなかった。

――◇――◇――

隣人のセラフィマは見る見るうちに変わった。一日おきに研究所まで手料理を持ってきた。夫は、人が変わったように穏やかになったと言った。ほとんど酒をやめ、細やかに注意深く世話を焼いてくれるのだ、と。なんと言っても、彼女は心臓の下に彼の子を宿しているのだ。

私のすばらしい医学研究者の仲間は、おせっかいなブルーストッキングの女たちだった。サンプル入りのガラス瓶、顕微鏡でのぞく細胞のパズル、複雑な定義、コーヒーとタバコ、カフェインとアルコールにしか関心がなく、結婚も育児も放棄して、本来は男に任せるべきであろう研究に没頭していた。セラフィマは忠実な妻であって、これから花を咲かせようとしているマドンナであり、彼女の乳と血液は、私たちの全理論をかけた生きた実験台だった。

セラフィマは私を、まるで恩師か聖人のように慕った。子どものような無邪気さと畏怖と、犬のような忠誠心の眼差しで見つめられて、私は堪えがたくなった。他人の目がなければ、彼女は私の肩をそっとさすり、十字を切るのだ。ただ、彼女を傷つけたくなくて、私は自分の苛立ちを見せないようにしていた。

ある午後、研究所での休憩時に、私には娘がいることをセラフィマに話した。自分は良い母親でないばかりか、そもそも少しも母親だとは感じられない、と。セラフィマは驚きの目を向けて、それ以上聞きたくないと言った。それでも私は話し続け、そうすることでセラフィマからの称賛の命綱を断ち切りたかった。

「私は神を信じていないの。それでも神がいるというなら、神が大誤算をしたせいで母になったわ。私は娘に授乳しなかった。娘には、母乳で私の魔物を吸い込んでほしくなかったの」

「魔物ですって?」驚いたセラフィマが聞き返した。

「そうよ、魔物よ。あなたのロシア語では悪霊と言うわね」

「でも、あなたのなかに悪霊はいない、あなたは聖女よ」

心の底から叫ぶセラフィマの言葉に私は戸惑った。

彼女は私の片手を取ると、自分の膨らんだ腹の上に置いて言った。

「これは、あなたがくれたのよ」

そのキラキラとした澄んだ眼で見つめられた一瞬、私は幸せを感じたような気がした——がらんどうのひんやりとした廊下を柔らかい光で満たし、魔物をバラ園に変え、悪霊を幸せをもたらす蛇に変える寓話のように、この無意味な時代に生まれ、生きる定めに意味をもたらして永遠のものとする、かすかにささやかな母としての幸せを。

その夜、私は遅くまで研究所に残った。セラフィマとの対話に、かつてなく娘が恋しくなった。あの子の長いくせ毛を梳《す》いて、きれいな三つ編みに編んであげたい。梳いては編み、梳いては編み……。あの部屋では、娘と母と義父が三人で夕食をとっていることだろう。いつでも帰っていける安堵の巣。

義父はスターリングラード攻防戦の歴史小説(*1)を読み、母は編み物や縫い物をし、娘は算数か習字の宿題をせっせとしている。テレビでは夜のニュース番組『パノラマ（Panorāma）』が終わり、ラトヴィア歌謡界のスターであるノラ・ブンビエレとヴィクトルス・ラプチェノクスのデュオが『街灯の時間に（Laternu stundā）』を歌っている。街灯がともるころ、私は研究所を出て、ネヴァ河の跳ね橋が上がる前に道を急ぐ。

家主のラリサ・ニコラエヴナは、私が深夜に帰宅するのに慣れていたはずだった。それなのに、その夜は寝ずに台所で待っていた。青い顔をして、テーブルの上にコップ一杯の水と心臓の薬が入っている小びんが置かれていた。「何があったの？」セラフィマが来たのだという。顔が変わるまで殴られて、ここに座って泣いていた。夫が何かつまらないことでカッとなった。泥酔していたのだろう。何を言おうが怒鳴り返し、殴り出した。ラリサ・ニコラエヴナはセラフィマの顔を洗ってやり、湿布を当てて、お茶を淹れて気持ちを落ち着かせてやったという。セラフィマが自宅に戻ったあとも、彼女は興奮して眠れなかったのだ。

私のなかで何かが起こった。私は台所の引き出しから肉切包丁をつかみとると、コートを着たまま階段に出てセラフィマのアパートを目指した。ドアは半開きだった。セラフィマの夫が、台所のテーブルで酒を飲んでいた。セラフィマは明かりの消えた奥の部屋で、痛みで寝入っているのだろう。

「ああ、お隣さんか。座りな」男は言った。私は向き合って腰掛け、ショットグラスを一杯、飲み交わした。「外で一服しましょう」私は誘った。二人で階段の踊り場に出て、タバコをふかした。「うまい」セラフィマの夫が言った。

私は肉切包丁を抜き出し、ろくでなしの顔を何度か叩いた。酔った男は抵抗もできずに、屠殺されるようなうめき声を上げた。

――◆――◆――

学校の授業が終わると、私はときどき救急センターに行って、母の勤務時間の終わりを待った。長細い廊下にはいつも、大勢の女性が押し合うようにして待ち合いのベンチに座っていた。そこには妊婦もいた。

どの患者にも真面目に向き合っていた母が仕事を切り上げるのは、いつも決まって夜遅い

（＊1）第二次世界大戦の独ソ戦において、ソ連領内のヴォルガ川西岸に広がる都市スターリングラード（現ヴォルゴグラード）をめぐって繰り広げられた、ドイツ、ルーマニア、イタリア、ハンガリー、およびクロアチアからなる枢軸軍とソビエト赤軍の戦い。一九四二年六月二八日～一九四三年二月二日。

時刻だった。私は学校から帰宅すると、何かしら食事の用意をしておいた。二人で帰宅すると、母は私の気を損ねないために、やっとそれを食べていた。そして、疲れ切って着の身着のままベッドに倒れ込むのだった。私は母の靴やブーツを脱がせ、厚手の毛布をかけてやった。

ストーブの扉を開けたままにして、熾火《おきび》ができるように風戸をつくった。私は犬と並んで、扉のそばに腰を落ち着けていた。くすぶる熾火はまるできらめく絨毯となって、私たちをどこか遠くにある幸せの国に運んでいくようだった。そこに別れの寂しさはなく、幸せと喜びに包まれているような気がした。誰も人のものを奪うことなく、愛情だけを与えてくれるところ。一晩おきに、私は熾火でジャガイモを二つ――一つは自分に、二つ目は犬の分として焼いた。ほかほかのジャガイモを犬と分け合って頬張ると、こんな暮らしも悪くないと思えた。

年末が近づき、私が解放される日が迫っていた。冬休みの二週間を、祖父母のもとで過ごす予定だったのだ。母との隔離生活も半年が過ぎて、学校でもクラスに少しは友達ができた。成績票をもらった私たち生徒は、カーニバルの準備に入った。珍しく、母はこれに乗り気になった。母はバケツに染料を混ぜ合わせて、シーツの角を縛り合わせてそこに浸した。そのシーツを半折にしてから両端を縫い合わせ、上部に切り込みを入れて穴とした。色鮮やかな奇抜な袋型ワンピースのできあがりだ。

それから、母は台所の窓辺の日当たりのいいところに私を座らせると、手持ちのわずかな化粧品を使って、私に化粧を施しはじめた。母と触れ合うことはめったになかった。それが今、母の指が私の額を滑り、鼻と頬をパタパタさせ、母の手のひらが私の顎と眉毛に触れている。薬品臭い手も服も、私にとっては母の香りだ。母の手の感触が、私にそれまで感じたことのない愛情を目覚めさせた。母への愛、そして母からの愛。

母に渡された鏡をのぞいてみると、向こう側から私を見つめている子どもの顔は、善と悪とが隣り合わせになっていた。顔の片側には鼻から顎まで黒い皺が描かれ、もっとどす黒い太い眉毛はまるで脅しているようだった。その反対側は、唇の端が嬉しそうに上向きで、金粉にまぶされたように明るい。

「私は誰なの?」

「二重人格よ」

学校には、ウサギ、リス、白雪姫、こびと、ジンジャークッキー姿が集まっていた。そのなかで私は、みんなの称賛を浴びた気分だった。もちろん、一番すばらしい衣装の賞をもらったわけではないにしても、思うに二重人格の勝利だった。

夕方も遅くなって、私は心弾ませて小走りに帰宅した。母が夕食をつくって待っていてくれるかもしれない。明日から二週間、私は留守にするんだもの。母の首に両腕を回して飛びついて、何度も何度もキスをするわ。二重人格のおかげで、すてきなカーニバルとなった。母がすばらしい妖精の魔法をかけてくれた。まるで手品師だ。大好きな母、ほかの人とは違う私の母！

家の前で、犬が興奮して私を待っていた。家のなかは暗くて寒かった。母はストーブにも竈《かまど》にも薪をくべていなかった。今日は、仕事が休みだったというのに。

廊下にいた私は、ガタガタという奇妙な音を聞きつけた。母はベッドに寝ていて、その横にウォッカの空き瓶と小さくて白い丸いものが散らばっていた。首には、古びたネクタイが巻きついていた。自分の首を絞めようとしたのだ。

私は母に飛びついて、憎らしいネクタイをつかみ取り、母の上半身を抱き起こした。母は喉を震わせて咳き込み、液体を吐き出した。そこに、小さくて白い丸いものが浮かんでいた。

その夜は一晩中、私は寝ずに母にお茶を入れて飲ませた。母は従順にそれを飲んでは繰り返し吐いた。母が寝入ると、私はその隣に身を横たえた。自分の頭を母の左胸に押しつけて、心臓が止まっていないかと耳をすましながら、息を殺して寝た。

―― ◇ ―― ◇ ――

セラフィマはそれから一週間も姿を見せなかった。私から訪ねていくこともなかった。セラフィマの夫が入院したことをラリサ・ニコラエヴナから聞いた。酒飲み仲間の誰かに、階段の踊り場で襲われたらしいと。

それ以外は、静かに平穏な日が過ぎた。私たちは研究を続けていた。でこぼこ道と色あせた家々の屋根が、初雪に覆われて白くなった。ネヴァ河はまだ凍っていなかった。白い綿毛に覆われたロマンチックな跳ね橋。クリスマスを間近にして、厚手の毛布で窓を覆ったリガのアパートで、母がモミの木の枝に蝋燭を灯し、義父と一緒にそっと、ほとんどささやくように歌っていた記憶がよみがえった。

私の知る美しいバラは
小さな根っこから

私が思うそのバラは
イェセから芽生えた（＊1）……

クリスマスを祝うことは禁じられていた。その代わりに大晦日の夜に花火が打ち上げられ、クレムリンの鐘が鳴り、アナウンサーがロシア語で言った。「新年おめでとう、同志諸君！新たな幸あれ！」

私はネヴァ河に架かる雪に覆われた橋を歩きながら、そっと口ずさんだ――「私の知る美しいバラは」、美しくそっと咲いた――小さな根っこの「イェセから芽生えた」。イェセとは、おそらくイエスキリストのことだろう。飼い葉桶のなかで生まれて磔《はりつけ》にされ、死の三日後に復活した。信じる者にしか信じられない奇跡の物語。母と義父は、その話をしたことがない。私はそのことを老教授の本で知った――あのゴミの山から抜き取って、部屋まで引きずりあげた本で。

医学はイェセを追い払った。ほとんどすべてのことが解決も理解も可能だとされたところに、宗教と奇跡の余地はなかった。イェセは禁じられ、その代わりに本物の黄金郷を信じさせられた――万物が万人に属し、熱狂的な幸福と歓喜に支配されるコミュニズムという地上の楽園がやって来ると。今のところ、その証《あかし》はどこにもない。けれど、誰も不平を言わなかった。戦後三〇年が過ぎ、まずまずの暮らしだった。偉大で広大な私の祖国に農村、森林、太陽は輝く。数百の国々のなかで、人間がこれほど自由なところを知らない――そんなふうに謳われていた。

ところが、イェセとそのバラは、生きることを定められたこのときと、雪の降りつもるネヴァ河の橋のたもとから私を引き離した。間違った歴史状況で、間違って生まれた人生から。生まれたがために、生きることを強いられた。なんて馬鹿げた現実の出来事だろう。何よりも強く望まれながら、生まれなかった生命が数多くあるというのに。

生存競争は呆れるほど単純なメカニズムだというのに、同時になんと謎に満ちていることか。誕生する者と誕生しない者が、どのように決まるのか。それを誰が決めるのか。妊娠して二か月目と三か月目の間、母の胎内にある果実はちっぽけな豆粒ほどにしか見えない。リスクがもっとも高いその時期には、どんなことでも起こりうる。落脱も珍しくない。豆粒はそれまでに考えられないほど長い道のりを辿ったというのに、萌芽にも、のちに心を天に届

(＊1)　ラトヴィアの教会やクリスマスの際に古くから歌われてきた歌『Es skaistu rozit'zinu』の冒頭一節。

かせる葉をつけた苗となることにも失敗して、一粒の豆粒のままでしかない。そして、身体の破片となって滑り落ち、血みどろの塊に混じってゴミ箱に掻き出される。その一方で、しっかりとしがみついて萌芽し、葉をつけて誕生することで花咲く豆粒もある。

それを誰が決めるのか？　私は三三歳で決めてみせた。ああ、セラフィマ、ろくでなしに殴り倒されなければ、豆粒はあなたにしっかりしがみついていくはずだ。命の芽を出し、蕾を開かせて花咲く。幸せな母となれる。乳房は大きくふくらみ、母乳が溢れ出す。丸い頬を寄せて乳首に吸いつく我が子に、母乳を通じて幸せを授ける。あなたの母乳を吸い込んだその子は、目には見えない、切れることも途切れることもない糸であなたに結びつく、死別するまで、そして死後もずっと。そうなるのよ、愛しいセラフィマ、ただ……。

その日、私は同僚たちに避けられていることに気づいた。私とはほとんど口をきかず、いつものように冗談を飛ばして笑うこともなかった。恒例となっていた夜の飲み会もなかった。そのわけを翌朝に知った。廊下で制服姿の男が二人、私を待ち構えていた。私は研究所をすぐに辞めて、リガに戻って院長に申し出なければならなくなった。

ラリサ・ニコラエヴナが、涙ぐみながら荷造りを手伝ってくれた。私は、同じ服装をした二人の男が来たこと、そしてセラフィマの夫を叩きのめしたのは自分だと打ち明けた。自分のしたことを後悔していないとも言った。もう二度と会えない、列車に乗る前かリガ駅であなたは逮捕される——ラリサ・ニコラエヴナはそう信じて疑わなかった。

私は自分の冷静さに驚いた。恐怖はなかった。結末はそういうこと。それでいい。私が列車に乗り込む前に、駅で待ちぶせる者はいなかった。

私は二等車に席を見つけて座った。乗客たちはそそくさと広げた包みからゆで卵とハムサンドとキュウリを取り出し、見送りの者たちと金属ホルダーつきのティーカップで杯を交わしていた。列車が動き出すと、食べ物の匂いが充満した。周囲からやたらに気前よく食べ物をすすめられて、そのたびに恭《うやうや》しく断らなくてはならなかった。そんなことがやっと収まり、静まりかえるころには、食べ物の匂いが汗臭さに変わっていた。

私はジャバラ扉のところへ出て一服した。駆け抜ける列車と一緒に夜も駆け抜けていく。自由の身でいられる最後の夜になるのだ。夜が私を連れ戻していく。母、義父、娘という根っこに。私は家族を裏切り、今こうして追われるように戻っていき、いつかきっと石を投げつけられる。いっそのこと、駅で逮捕されて会わずにいられたなら……。

座席に戻り、着の身着のままうたた寝をした。列車の音が子守歌となって、父の夢を見た。小部屋のうす汚れた床をいつも覆っていた新聞紙の上に、父は白黒の大きな十字をつくるように横たわって、目を開けたまま深く息を吸っては吐いていた。私は父に近寄って言った。「目を閉じてよ、死んでいるんだもの」父は呼吸を続けて、言葉にならない声で答えた――「生きているよ」。

リガ駅でも待ち構えている者はいなかった。クリスマス前夜の賑わいのなかを人々が陽気に行き交い、駅前広場はモミの木のマーケットとなっていた。

私は院長に挨拶をしに行くために、三番のトロリーバスに乗った。リガの町はまるで穢れた少女のように、年末のどんよりとした空気に頭《こうべ》を垂れていた。どの店の前にも長い行列ができていた。街角でミカンが販売されていて、キログラム単位で売ってもらえるならば、このうえない幸運なのだ。一九七七年が一九七八年に変わろうとしている。祭日の食卓に、ポテトサラダとソーセージ、ソビエト・シャンパンが並べられる。生命はこの檻のなかで歩を進めていた。院長室で逮捕してもらえるといいのに。

病院の廊下で、院長は挨拶の言葉もなく、ただ頭を振って院長室に入るように促した。そして、ドアの鍵を閉めて大きなデスクにつくと、私を睨んでドンと机を叩いた。

「あなたは、自分のキャリアどころか、私のキャリアまで台無しにした。あなたを推薦したおかげで、私まで取り調べを受けた。女性で医者、しかも母親だというのに、大祖国戦争(＊2)の従軍兵という英雄を叩きのめした。自分のしたことをどう説明するつもりか？」

「あの男は、私たちが妊娠を施した妻を殴ったのです」

「なんと？」院長の顔は驚きで赤らんだかと思うと、途端に黒ずんだ。

「その男の妻を妊娠させるのに成功したんです。男が不能だったので。妻が持参した精液を温めて、彼女の胎内に入れました」

「そんなことまで……自分の越えた一線を理解しているのだろうね？　仕事は辞めてもらう。どの町に行こうが、医者の仕事には就けないと思うがいい。大祖国戦争の元兵士にありがたく思え。裁判沙汰にしないという文書に署名をしてくれたのだ。本来なら罰を受けて当然だ。刑務所行きだ」

「私を刑務所に入れてほしいです」

「まったく狂っている。よりにもよって神はなぜ君のような人に才能を与えたのか」

「ご存じのとおり、神はいません」

「出ていきなさい。出ていけ、今すぐ！」


（＊2）二七ページの注を参照。

病院の廊下を歩きながら、私は懐かしい消毒液と薬品の匂いを肺いっぱいに吸い込んだ。自分の天国から追い出された。刑務所こそ懺悔の場となったはずなのに。もうなんの意味もなくなった。

◆

◆

新しい暮らしに私はだんだんと慣れた——母の明暗は交叉し、祖父母を訪ねるたびに別れの寂しさを迎える。まだ幼かったというのに、私は自分のことをもう大人だと感じていた。母の面倒を見ているのは私だ。母の光と影の両面を知っているのは私だけだし、母が次に生きることをやめようとする瞬間をとらえることができるのは、私をおいて他にはいない。

珍しく早く帰宅した母が思いたったように、カリカリとして香ばしいローストチキンや美味しいリンゴタルトを竈《かまど》で焼いてくれたことがある。

食卓の下で犬がおこぼれにありつこうと待ち伏せている傍らで夕食をしていたとき、母がそれまで耳にしたこともない奇妙な話をしはじめた。「昔は自由だったのよ」「自由だった？」

私は意味がわからなかった。

「自分の国があったのよ」「だって、自分の国はあるよ」私は言った――「ソ連があるでしょ」。「ラトヴィアだけだったのよ」母は、私がいつも恐れていた厳しい顔つきになった。「ラトヴィアだけだった」と母は繰り返した――「ロシアの虱《しらみ》は自分の国でなく、ここに巣くっている」。ロシアの虱？　学校ではラトヴィア人学級の二クラスとロシア人学級の一クラスがあり、お互いに仲良くしていた。どうして虱なんて言うの？

みんな同じだった――農村の子どもは、勉強だけでなく労働もしていた。夏休みには集団《コル》農場《ホーズ》でビーツとキュウリの延々と続く長い畝に並んで座り、背中は日焼けし、手足は土にまみれた。私たちはひざまずいて雑草を取りながら、ノルマを達成するまでの果てしない距離を一メートルごとに数えていた。

意地悪な監督官は、引き残した雑草を一本でも見つければ、その都度ノルマを追加した。ニンジンとビーツの収穫が終わらなければ、秋の授業ははじまらなかった。ニンジンとビーツをシャベルで山と積み上げ、それから茎をそぎ落としたり引き抜いたりした。寒くても小雨が降っても、私たちは木箱に座って作業を続けた。幼い労働者階級は、青ざめるまで働き続けるのだ。泥だらけの疲れた身体を引きずるように帰宅して、ストーブで温まり、着替えて食事にありつく程度の、ちっぽけな幸せを感じる自由しかなかった。

「若い奴隷を養成しているのよ」母は口癖のように言っていた。自由も虱も奴隷も、私には意味がつかめなかった。母は自分だけの世界に生きている――それを自明のこととして受け止めて暮らすことを私は覚えた。同級生とまるで異なる自分の生活のことを、学校では友達に話さなかった。

その小さな村に、ある朝、前代未聞の珍事が起きた。アスファルト舗装がほぼ陥没していた中心通りの路上に、チョークの落書きが出現したのだ。「ロシア人を粉砕してゴミとすれば、食糧計画は達成できる」

まず、学校の調査となった。生徒たちはこぞって否定し、なんの解決にもならなかった。ロシア人の生徒たちは、自分たちのクラス以外の生徒に疑いの目を無差別に向けたので、ただならぬ気配が広まった。いや、大人の仕業だという噂まで流れた。

それから二日が過ぎ、私は授業中に校長室に呼び出された。灰色のコートを着た男が校長席についていた。「同志があなたと話したがっている」と、校長先生が言った。

臆病者ではなかったはずの私は、えも言われぬ恐怖に襲われた。校長室で同志というこの男と二人きりにされると思うと、死ぬほど怖かった。校長先生は、私が目に見えて青ざめたのに気づいて驚き、私を腰掛けさせてコップ一杯の水を差し出した。

「まあ、なんて緊張しているの」校長先生は言った。「保健の先生を呼びましょうか？　少しあとにしませんか？」

校長先生は仰ぐように男を見たが、男は座ったまま動じず、太い指で机を叩いていた。

「いいえ、今やります。あなたは部屋を出てください」男がきつい口調で校長先生に言った。

男と二人きりになった私は、心臓がバクバクした。人は死ぬとき、きっとこうなるんだわ。男は私の両肩を強くつかんで、自分に向き直らせた。「さあ、おどおどするのはやめて質問に答えなさい」

母、祖母、義祖父、犬の顔が走馬灯のように駆けめぐった。どうか助けて！　でも、誰もここにはいない。

「母親から、学校が教えない話を聞かされたことがあるか？」

私は泣き出した。その途端に理解した――路上の落書きの濡れ衣が自分と母に着せられているんだ。まったく無茶苦茶だわ。

「落ち着いて質問に答えなさい。答えなければここから出られないぞ」男の声には怒りがこもっていた。

すると、私は自分でも驚いたことに平静を取り戻した。信じられないような内なる力が私を落ち着かせた。私は音を立てて息を吸ってから言った。「はい、子どものつくり方を母に教わりました。母は医者なのでよく知っています。それで私も知っているのです。学校では教わっていません」

男は冷水を浴びせられたように、身動きせずに座っていた。

恐怖が消えて、甘い毛糸玉のようなものが喉元に上ってくるのを私は感じた。もう怖くない。男は私に何もできない。私の知ることを、男は決して知り得ない。母のことも自由も虱《しらみ》も奴隷も、決して一つとして男は知り得ない。

明らかに、決まり悪そうに男が顔をしかめた。「母親が話したのはそれだけか？」

「いいえ、まだあります。子どもが母親の子宮に入っている様子と、そこから出てくる大変さを絵に描いてくれました。生まれることがどんなに大変なことかも」

甘い毛糸玉に私は力をもらった。男の汗ばんだ顔がすぼむのを見た。男がうす汚れたハンカチを出して汗を拭くのを見た。

「子どもが母親の体を這い出してくるには、大変な力がいります。普通は頭から先に出てきます」と私は言った。

「もういい、たくさんだ。話は終わりだ」男は言った。

男は立ち上がってドアを開け、外でじっと座って待っていた校長先生に声をかけた。「問題なし」

校長先生の目が大きく安堵したのを見た。校長先生は私を連れて廊下を進み、今日はもう帰っていいと言って、私を労るように頭をやさしく撫でた。

私は騒々しい休み時間になるまで待って、教室に置いてあったカバンを取り、ロッカーから上着を取ると、いつものとおり線路沿いの土手を目指した。切り株の上に腰を下ろした。自由と時間があった。遠くで、長距離列車の汽笛の音がした。この駅に停まらない列車だ。きっと、私が行くことのない遠いところへと急いでいる。今となっては十分に遠いような気がするリガよりも、はるかにずっと遠くへ。まったく別の生活があるどこかに。延々と長い畝の草挽きも茎をそぎ落とすこともない、自由なところ。虱《しらみ》も奴隷もいないところ。誰も怖がらなくていいところ。核戦争の脅威がないところ。

列車の音が遠ざかると、静まりかえった。私は静けさに身を置くことが好きだった。静けさに包まれると心が落ち着き、暗い森も獣の足音も怖くなかった。母も怖くなかった。母のことは、いつもひどく気がかりなだけだった。きっと死に別れるまでずっとそうなのだ。

腰を下ろしている私は、自分の内側に大きな自由の力を感じていた。もう、決して誰のことも恐れない、校長室で汚い汗を拭いたあの男を恐れなかったように。奴隷になどなるものか。私にある自由は、ビーツ畑にいても私のものだ。私は幸運なのだから――私は生まれ、母の身体から頭を先にして押し出てきた。しかも、母乳がなくても生き延びた。

変な夜だった。早くも霜がうっすらと降りていた。私は湯を沸かしてバケツに移し替え、古びたデッキブラシを手にして外に出た。犬がついてきた。私はチョークの落書きの上に湯を垂らして、デッキブラシでこすった。落書きが消えていった。周囲の家々の好奇心丸出しの明かりが、さっとついてはすじようにさっと消えた。雨戸の閉まる音や、鍵のかかる音が聞こえた。まだしばらく暗闇になるまで、アスファルトをこするデッキブラシの音がしていた。アスファルトの上には、砕けた白いチョークの塊だけが残った。

――◇――◇――

私は病院を追い出されて中庭に出た。救急車が往来して、患者を搬入していた。照明のついている窓を見上げた。病室の薄暗い照明、手術室のまぶしい明かり、死体安置所の青暗い灯――そのすべてを失った。追いやられた世界に私は関心がなく、また必要としてもいなかった。生まれてからずっと、余計者でしかなかった世界だ。

タバコの煙を深く吸い込んだ。家に着くまでの時間を引き延ばして、母、義父、娘に会うときを遠ざけたかった。彼らが困惑する表情を見るときを遅らせたかった。少しは嬉しそうな顔を見せてくれるかもしれない。でも、きっとすぐに恐怖の陰が射す——何が起きたのか、これからどうなるのか？　平穏な毎日は再び不安に包まれる。

小雪がちらつき出してきた。ミエルス通りからレーニン通りまで、少し遠回りをすることにした。ミカンでも買えるかもしれない。

レーニン通りには、新年を迎えようとする街頭のイルミネーションの青い星が輝いていた。「リガモード」という煌々とした看板を掲げる美容サロンの前にさしかかったところで、髪を洗ってきれいにしようかという女らしい願いが湧いてきた。思い切ってサロンのドアを開けた。美容師たちがめまぐるしく動き回り、身だしなみのいい、香水の香りに包まれた女性たちが座っていた。

古びたスーツケースを手にして、廊下に突っ立った私は、タバコ臭いだけでなく病院の臭いもした。帽子で隠した髪は輪ゴムで束ねたまま、もう何日も洗ってもいないし、染めてもいなかった。誰も私に関心を示さなかった。受付の女性はちらっと私を見ると、その瞬間に視線をそらして窓の外を眺めた。私はしばらくそこに佇んでから、そのまま外に出た。馬鹿げた思いつきだった。

リガの聖アレクサンドル・ネフスキー正教会の前まで来ると、私は立ち止まってセラフィマのことを思った。暴力夫に事実を話したのだろうか？　そのために殴られたのだろうか？　お腹の子どもを守りとおしたのだろうか？

人混みに紛れて道を渡り、カフェ「フローラ」の前を過ぎた。「フローラ」のなかには、街頭や職場や大学とはまったく違う自由思想があると噂されていたけれど、医学生だった私にカフェに行く暇はなかった。医大では、日中は教室に、朝夕は解剖学室にこもっていた。カフェでぐだぐだするのは時間の浪費だと思っていた。

交差点に、大理石でできたウラジーミル・イリイチ・レーニン（＊1）が挨拶をするように立っていた。無理やり何万人もの人々に、半世紀以上にもわたって苦々しい混沌をもたらした張本人だ。そのカオスのなかで自分もまた生まれ、そこで死ぬのかと思うとぞっとする。

両親にとってはどうだったのか、その記憶すらない。母は口にしなかったものの、父は違っていた。高層建築の「ラトヴィアホテル」が建っているところに、以前は「ミルク」という名のレストランがあったラトヴィア時代の話をした。父と母は大学の休み時間にそこで落ち合い、ゆったりと食事をした。それから散歩に、すぐそばの自由記念碑まで歩いた。記念碑の頂部にミルダと呼ばれる女神が立っている。ミルダは大理石のレーニン像と菩提樹の並木で隔てられて立ち、これみよがしに互いに背を向けていた。ミルダの前で父と母は、路上の写真家に一ラット(＊2)を支払い、記念撮影をしてもらった。

人々は混沌のごった煮をすすっていた。ほかに何もなかったからだ。それなのに、そのごった煮に感謝までさせられていた。

レーニン像は、プラネタリウムとなった正教会にも背を向けていた。自分の命令で数百人の正教徒の信者が両手を縛られて溺死させられ、湖底に沈んで眠っている遠いシベリアの湖など、まるで素知らぬように気高くそっぽを向いていた。死は三位一体と十字架で彼らを結びつけていた。

そうだ、繰り返すようだが、神はいない。でも、天はあり、星もある。それなのに、私は

(＊1) (一八七〇～一九二四) ロシアの革命家、政治家。ロシア社会民主労働党(ボリシェヴィキ、のちに共産党と改名)の指導者として活動し、十月革命を成功させ、革命政府において人民委員会議議長を務めた。

(＊2) ラトヴィア共和国の独自通貨。EU加盟後の現在はユーロが導入されている。著者によれば、当時の一ラットの価値は一ユーロに相当するとのこと。

自分の天国を追放された。

私は暖をとるためにプラネタリウムに入った。脇にあるカフェ「神の耳」で――そこにも学生時代に入ったことがなかった――コーヒーと薬草酒のリガブラックバルザムを注文した。店内の人々は、床にぺたりと腰を下ろしてくつろいでいたり、テーブルの上でなんのゲームなのか、マッチ箱を投げあっていたりと自由気ままにしていた。タバコの煙が渦を巻いて立ちこめていた。

隅っこに座った私は、存在しないはずの神の耳のなかに、実際にいるような気がしてきた。自分の天国からどこかへ通じる、それとも出口はどこにもないかもしれない、その途中の寄り道だ。痩せた長髪の男が私のテーブルに寄ってきた。バルザムを自分と私に一杯ずつ注文してから、「相席してもいいか？」と男が尋ねた。三三歳、イエス・キリストの年齢だとか。

「私、同い歳よ――イェセは単なる男だったの？」私は尋ねた。

「大胆な質問だ」男は私に関心を示して、何をしているのかと尋ねてきた。

「医者だったわ」

「それで、これからは？」男が話をつなげた。

「これからのことがわかる？　ここに生きていて、先のことを考える意味がある？」

「まさに！」イェセは意気込んで相槌を打った。私は心のなかでその男をイェセと名づけた。

「ここに生きているかぎり、生きる意味はほとんどない。生活も世界も我々の外側で進んでいる。この一〇年間、臆病な我々がこのカフェにいる間に」

男はささやいた――「彼らは我々の代わりに死んでいる」

「彼ら？」私はささやき声で尋ねた。

「ヤン・パラフ（＊3）だよ、一九六九年にプラハの中心で焼身自殺した」

「一九六九年は、娘が生まれた年だわ」私はイェセに言った。

まるで聞こえなかったかのように男は続けた。

「ジャニス・ジョップリン（＊4）とジミ・ヘンドリクス（＊5）は、一九七〇年に薬物を過剰摂取した。我々と彼らの自由のために！」イェセは声を荒げた。

「自由のためだぞ、まったく。わかるか？　その翌年にはジム・モリソン（＊6）だ。我々がここでぶつぶつ不平を漏らしながら密かに英雄を気取っている間に。ここに真実はない、このカフェの外側にも内側にも。情けない存在だけだ。誰だってただ装っているだけで、生きている

（＊3）（一九四八～一九六九）一九六八年のソ連の主導するワルシャワ条約機構軍によるチェコスロバキア侵攻および占領の時期に自由の抑圧と民衆の消極的な態度に抗議して、ヴァーツラフ広場で焼身自殺。

んじゃない。外側では聞き分けのいいソ連市民になりすまし、カフェでは反体制派に扮している。自由なんかどこにもない。生きる自由も死ぬ自由もない」

イェセの話を聞いていても、響いてくるものはなかった。私の頭には、たった二つの覆せない事実だけがあった――娘の誕生と初の人工妊娠――つい最近、ロンドンの叔父が衣類に包んで密かに送ってよこした雑誌で、ケンブリッジ大学の生理学研究所がそれに成功したことを知った。

「イェセ」途切れないひそひそ話に、私は口を挟もうとした。

「イェセ、意味がわかる？　奇跡もなければ、神の意思もない。ましてや自由なんて――生まれる自由もない。いつ生まれて、いつ死ぬかを選ぶ自由も。この医学的操作がその証明よ」

ところが、イェセは酩酊して、抽象的な自由論をつぶやき続けていた――目指すべき自由、奪われた自由、私たちの代わりに死んでどこか外側で生きる自由。

イェセはつぶやきをやめると腕を組み、頭を下げて寝入った。長い髪が骨張った肩に降りかかった。

私はそっと立ち上がって「神の耳」を出た。家までたどりつかなくては。

コップ一杯の牛乳。コップ一杯の、薄膜が張ったばかりのホットミルク。ミルクシチュー。ミルクゼリー。それらは、私にとって学校で最大の難関だった。農村の学校で牛乳は、健康優良に育つために必ず飲むべきものとされていた。けれど私は、ミルクとそれにまつわるものすべてが苦手だった。学校の給食室に漂って、給食時間を告げるホットミルクの匂いは、目に見えない悪夢だった。なんとしてでも強引に体内に入ってこようとするミルクに、私は抗っていた。鼻の息を止めて一気に飲み干して味を感じないようにしたり、一杯のミルクを飲み干したあとにトイレに駆け込んで吐き戻そうとしたりした。

私のミルク嫌いはいつしか教員たちに気づかれ、それが理由でとくに注視されるようになった。そこで、次々に作戦を講じることにした。速攻トリックで同級生にさっと飲み干して

◆

◆

（＊4・5・6）（一九四三〜一九七〇）（一九四二〜一九七〇）（一九四三〜一九七一）いずれも、一九六九年にアメリカのウッドストックで開催されたロックフェスティバルに参加したカウンターカルチャーを象徴するミュージシャン。

もらうというのは、滅多に成功しなかった。運よく窓際に座ることができれば、外の花壇にミルクを注いで捨てたり、空のコップと差し替えたりした。飲まないままのコップを、給食時間の終わりを告げるチャイムが鳴ったときに、うっかりを装って倒したこともある。

ミルクシチューとミルクゼリーなら、満腹でもう食べられないと言って断ることもできた。必ずお代わりを欲しがる生徒がほかにいたから。ところが、コップ一杯のミルクときたら！配膳係の大柄な女性が、アルミ製の大きなヤカンからアルミの柄杓《ひしゃく》ですくってコップに注ぐのだ。

私の学校の一日は、ミルクを起点として前と後とに分断されていた。午前中は耐えがたく、授業になかなか集中できなかった。目に浮かぶのは、大陸の地図でも植物の柱頭《ちゅうとう》でも直角三角形の隣辺《りんぺん》や斜辺でもなく、コップ一杯のミルクなのだ。

給食後の午後は安心できた。私の頭は時計のように正確で明晰だった。平方根もすらすらと解け、ラトヴィア語文法の二重格変化を見分けることもできた。ミルクのぞっとするような後味が消えれば、元どおりすべて順調だった。

ミルクと私の格闘は日増しに目立ってきて、とうとう先生は連絡帳にしたためた。そのために、母が学校に呼び出されることになった。それまで親の会合があるときには、母は決まって「多忙のため欠席」と連絡帳に記して、出席したことがなかった。

私は鞭に打たれた犬のように、しょんぼりとして帰宅した。私も母も、それぞれ自分のペースで生活していた。自分のミルクの秘密に母を巻き込みたくなかった。でも、どうしようもなかった。先生が母とじかに話をしたがっているのだ。

ある午後、生物学の授業中、私は窓の外に母を見つけた。だいぶきつくなったコートを羽織り、毛糸のベレー帽をかぶっていた。校庭にある花壇の前で立ち止まり、タバコをふかしていた。母はタバコなくして生きられなかった。

リガの祖母に一週間分まとめて洗濯してもらっていた私の衣類は、金曜日までにはタバコの匂いが染み込んでいた。なんとも奇妙なことに、私にとってはミルクの匂いよりもタバコの匂いのほうがずっとましなのだ。

学校で母に会う——それは、いまだに親が迎えに来る生徒にとっては当たり前のことでも、私にとっては珍しいことだった。大勢の生徒が通学路とする街灯のない墓地沿いの道は、子どもにとっては恐怖だった。普段の私は、迎えに来てくれる母を思い描いていた。娘を家に連れて帰ろうと母が待っている。その姿を見つけたなら、きっとなんとも明るく清らかな心地がするにちがいない。その母が、今、私を待っていてくれる。どんなに変わり者であろうとも、母が学校の前で私を待っている。

生物学の授業中、私の心は宙を舞っていた——単子葉植物と双子葉植物の種類や栽培植物を解説する先生の声は、私の耳を素どおりした。だって、外の花壇のそばで、母が立って私を待っているのだもの。

チャイムが鳴った。しばらくすれば、生徒たちが学校から一目散に駆け出して親の胸に飛び込み、温かい夕食の待つ家へと帰っていく。私と母は、学校の前で会うという滅多にないシチュエーションのなかで、どのように振る舞ったらいいのか互いに戸惑った。ともかく、私もみんなと同じように母に寄っていって両手で抱きつくと、しばらくそのまま立っていた。そして、母の手を取って校内へ連れていった。

廊下には人気《ひとけ》がなく、清掃が終わってもまだミルクの臭いが漂っていた給食室の前をとおって教員室に行った。先生は母をなかに招き入れ、私を廊下のベンチで待たせた。でも、そんなことをしても意味はなかった。先生の話も母の言葉もがらんとした建物によく反響して、ほぼ筒抜けだったのだから。

「お子さんのミルク嫌いにお気づきですか?」

「うちでミルクを飲ませていないので……」

「子どもの成長には欠かせません。お子さんは学校で毎日、コップ一杯のミルクを捨てたり、同級生にあげたり、飲み干してトイレに駆け込んだりしています。それでもいいんですか?」

「ミルクアレルギーかもしれません」

「ご冗談を。医者なら、アレルギーかどうかをご存じのはずです。ミルクはもっとも栄養豊富なすばらしい食品です。ミルクを飲まない子どもの成長に関して問題が生じないか、母親として心配じゃないのですか?」

「あの子は母乳を飲んでいないからかもしれません」

「どういうことです? あなたは病気だったとでも?」

「ええ。私は生きていたくなかったのです。生きようとしない母の乳を与えたくなかったので」

しんと静まりかえった。空っぽの給食室で時計の針の音がした。針の動きを数えたくなるほど、はっきりと音を立てていた。窓の外の水溜まりで、鳩が水をはね散らかしていた。ぞっとするようなミルクの臭いが、給食室のテーブルと椅子に、そして壁にまで滲みついていた。ミルクのような静けさは耐えがたかった。いつ何時、母が教員室から追い出されるか、私ははらはらしながら待ち構えた。

「今の話は口外しません。予測できない事態となりかねません。お願いですから、お子さんとミルクの問題について話しあってください。お子さんを苦しめたくありません」

ドアが開いて、出てきた先生の表情は歪んでいた――可哀想な、なんと可哀想な子、と言わんばかりに。私と母は丁重に挨拶をして外に出た。

外は春の気配がした。母は外に出た途端、タバコに火をつけた。そして、深く吸った煙をきれいな空になんともじっくりと吐き出した。

二人で無言のまま歩きながら、私の胸の内は喜びにあふれていた。母と一緒に歩いて下校しているのだ。母は私を連れ、私は母を連れている。二人が互いを連れている。この道がずっと続いてほしい。長く遠い道となって。途中、黙っていても会話を挟んでもいい。どちらにしてもいいに決まっている。

「遠回りしていこう」

母はまるで、私の心を見透かしたかのように言った。昔ながらの道を川のほうに曲がった。並木道の左側に野原が広がり、その先に古い木造の家が建っていた。変人だという奥さんで知られていたその家に、近づく人はいなかった。ところが母は今、私の手をしっかりと握りしめて、その地獄に直進していた。家は留守で、家畜小屋からは牛の鳴き声が聞こえてきた。

私たちはそこに向かった。

私は嫌な予感がした。奥さんがかけているぶ厚いレンズのメガネに、恐ろしい黒点のような小さな瞳が二つ。奥さんは搾乳《さくにゅう》をしていた。生温かいミルクがバケツにチョロチョロと滴り、無邪気に明快な音を立てていた。私は、その匂いに吐き気がして、母の手を振りほどこうとした。しかし、母は私の手を放さなかった。奥さんは搾乳したばかりの温かいミルクをバケツからポットに注ぎ、その横にコップを置いた。

「ほら。飲みな」

そう言った奥さんは、童話に登場するどんなに恐ろしい魔女よりも最悪だった。

「さあ、飲みなさい」

母がたたみかけた。まるで意地悪で残酷な継母が、地下の家畜小屋に私をおびき寄せ、ミルクで打ちのめそうとしているかのように。

「飲むのよ」

私の頑なな抵抗を察して、母は口調を強めた。

「ふん。私が死んだらわかるわよ」

私はわざとむせるように泣き、重圧にこらえきれなくなって生温かいミルクを飲んだ。涙と鼻水がミルクと混じりあった。それでも、この闘いに勝ってやるんだと意を決して飲み干した。誰も助けてくれない――そこにあるのは私とミルクだけ。
その夜、私は母から先生宛てに言伝《ことづて》をわたされた――娘にミルクを強制しないでほしい、と。魔女小屋での仕打ちに対する母への怒りが、愛情の側にバタンと傾いた。母は、自分の目で確かめたかったのだ。
次の給食前の午前中、いつもの感覚は私から消えていた。大陸の地図や植物の柱頭《ちゅうとう》や直角三角形の隣辺《りんぺん》と斜辺の前に、ミルクのコップがちらつかなくなった。給食時に、私の前にミルクが置かれなくなった。それでつい、私は隣の子のコップから味見をさせてもらった。いつものミルクと変わりない。これから私は飲んでも飲まなくても、どちらでもいいのだ。選ぶという自由を私は得た。

――◇――◇――

産むか産まないかを決めるのは、妊婦自身でないことが多かった。自分の子どもだと認めたがらない愛人や、ますます手がかかることを嫌がる夫がそれを決めていた。女たちは日々苦しみに色あせて、決めることを放棄し諦めていた。そして、中絶の覚悟を決めて、麻酔なしで辛い痛みに耐えていた。そのような女たちと向き合うように、廊下の反対側には別の女たちが腰掛けていた。すでに誰かに決められて、どうしても子どもに恵まれない女たちだ。

診察室の前にできた長蛇の列に並んで待つ間、女たちは互いに心の内を明かした。そして、どんな場合でも、男が悪いということで意気投合した。女は男を愛する、なのに男は女を苦しめる。それどころか女は子どもを堕《お》ろしたり不妊だったりという、さらなる苦しみを耐えている。しかし、そういうことは男にとってはどうでもいいのだ。それは女の世界のことであって、女は自分でなんとかするものなのだ。女の世話はソ連の医療が焼いてくれる。

片田舎の救急センターの狭い診察室で、壊れかけた薪ストーブとひと昔前の診察椅子を前にして、怪しげな診察器具を手にした私は、まさにソ連の医療を体現していた。女たちはひっきりなしに押しかけてきた。男女は自然の摂理で愛し合い、魔法にかけられた車輪となってコマネズミのように回転をやめなかった――それは望まれない果実をはじき出し、さらにそれよりもひんぱんに、いくら望んでも果実に恵まれないという空回りをさせていた。

私はしばしばセラフィマのことを想った。記憶のなかの彼女は、実在の女性というよりも、私にとっては永久に門戸が閉ざされた世界にいる、想像上のおぼろげなイメージと化していた。なんの研究でもなく、なんの実証でもなく、自分の知識でこのコマネズミの歯車に転がり込んだすべての女性を救ってみようとしながら実存を引き延ばしている、ただの嘆かわしい自分。

あるとき、セラフィマが夢に出てきて、言った——子どもはやっぱりできなかった。いつもの美しい顔をしていながら、目を閉じていた。目をつむったまま話をしていた。私は冷や汗に濡れて目覚めた。そして、自分に言い訳をした——これは正反対の意味かもしれない、夢でよくあることだ。白は黒で、黒は白。生は死で、死は生だ。誕生は死で、死は誕生だ。生は死で、死は生だ。女たちが毎日果てしなく長い列に並んで座っている小さな救急センターの細長い廊下こそ、その厳かなる証明だ。彼女たちに、存在しない神のごとく信頼されている、このちっぽけな私も。

まったくいつもと変わりない救急センターの夕暮れどきのこと。散らかったデスクにこれから記入するカルテが山積みとなり、飲みかけのコーヒーカップ、窓辺には灰皿。サンプル入りの小瓶は、きっちりと包装してから、翌朝に人に託して近郊の町にある研究所に運ぶ。照明がチラチラするデスクランプ、ストーブの横に積み上げられた薪。油布の間仕切りと人工革の診察台。ドアをノックする音には、いつもイライラさせられる。

「お待ちください。こちらから呼ぶまで中に入らないでください！」ドアを叩く者に対するいつもの応答。

ドアが開いて目に入るものはわかりきっていた。女たちは座って待つ。我慢強く、永遠に果てしなく。

やや間を置いて、私はドアを開けた。診察を待つ人々の長い列の最後に娘が座っていた――両膝をぴったりと揃えて、学校カバンを背負ったまま。私を迎えに来たのだ。

そこに座っている娘は、この行列の意味をまだ知らない。娘もまたいつか、この行列に並ぶときが来る。そのとき、娘はどうなるだろうか、自分で決めるだろうか、誰かが代わりに決めるだろうか、それは誰にも、私にもわからない。自分で編んだ三つ編みの髪に青いリボンを無造作に巻きつけて、娘は無邪気におとなしく座っていた。

私の仕事が終わるまで、娘は我慢強く待ちどおした。私が救急センターに鍵をかけると、二人で肩を並べて家に向かった。

「うちは寒いよ、犬はきっと私のベッドで寝ている」と娘が言った。霜が凍って、雪が足下でザクザクと砕けた。

「丘まで行こうよ、川向こうが見えるの」

ふいに娘が言った。私はタバコを吸いながら歩いていた。あたりは静かで暗く、どこかで犬が吠えていた。古い墓地をとおり抜けた。

「もう大丈夫」娘が言った。

月明かりが斜めに射して、黒や灰色の墓碑の合間に白く覆われた墓がきらめき、ヒマラヤスギが雪の毛布に影を落としていた。「もう大丈夫」娘はそう言って、手袋をはめた私の手を握った。

墓地の向こうに丘が開けてきて、私たちはそこに分け入った。膝の高さまで雪が積もり、足跡も踏みしだかれた道もなかった。丘に登る途中、私は立ち止まって息を整え、タバコを吸った。娘はおとなしくそれを待ってから、先に進んで私に足跡を残した。小さい足跡でも、それを辿っていくほうが楽だった。どんどん前を行く娘は三つ編みの髪を雪で白くし、背中の学校カバンを揺らしていた。私が歩く道をつくってくれていた。もうすぐだ。

丘の上に着いて、私たちはそこに佇んだ。下に見える小さな川辺が月光を受けて白く輝いていた。それを木々が守るように囲んでいた。

「なんてきれい、空に小さく光っている」娘が言った。

川向こうに広がる闇の空が星に覆われていた。その真ん中に、月の丸い輪が刻印されていた。私たちは二人きりだった。背後には私が辿った娘の足跡、前には未踏の雪原。

◆　◆

その日、学校は休みだった。みんなが一斉に、「一〇月社会主義革命記念祝典」(＊1)の準備にとりかかっていた。その年の一一月は、いつの間にかやって来た。秋休み、私は祖父母に会いに行くことができなかった。母が体調を崩して、朝は辛そうに出勤し、夜はすぐに床に就いた。すべての家事は私がこなした。祖父母に会いたくてたまらなくとも、母を一人にしたくもなかった。

白いブラウスは自分で洗濯して、アイロンをかけた。ピオネールの赤いネッカチーフの先端に穴が空き、繕うには小さすぎるのに、目立って気になって仕方がなかった。それで、ネッカチーフの端を偶然にそうなったかのように青いベストの下に突っ込んだ。ソ連の祝典における団体行進のとき、私はいつも二列目に立つことにしていた。誰もネッカチーフの穴に

（＊1）一九一七年一一月七日に起きたロシア革命を記念した祝賀行事。

気づきませんように。大事なのは、正しい敬礼とはっきりと叫ぶこと――「とりかじいっぱい！」。そして、スローガンと歌を忘れないこと。

左へ、左へ、
左へ、左へ！
リガの真ん中に
堂々たる記念碑。
赤茶色の大理石、
レーニンの銅像。
左へ、左へ、
左へ、左へ！

母は朝からすっかり衰弱していた。ベッドに座ってバッグをまさぐり、薬か何かを探していた。私は普段から母の物探しを手伝った――探し物は、よくバッグの裏地の下に紛れ込んでいた。それなのに、このときは、二人で母のベッドの横にあった箱まで壁際から動かして、その向こう側に落ちていないかと探したのに、どうしても見つからなかった。

母は力なく、ひどく辛そうだった。私は祝典に出掛ける支度を終えてから、少しでも母の役に立ちたくて濃いブラックコーヒーを入れた。マグカップのコーヒーと朝の一服で、母はやや調子を取り戻したようだった。ベッドに腰を落ち着けると、遅刻しないようにと、私を学校へ送り出した。

どの先生もみんな髪を整え、パリッとしたスーツにハイヒールの靴をはいていた。学校の前に、私たちのソ連の旗がはためいていた。校庭に生徒がコート姿で整列すると、国歌が流れた。私は一番目の歌詞が好きだった。

最愛のこの地で我らは自由を手に入れた
永遠に祝福されこの地に生まれた
海には白波立ち、畑では花開き
我らの町リガの名がとどろく

リフレインでは、初めの言葉を引き延ばして歌った。

ソビエト・ラトヴィアよ、永遠にあれ
我らが祖国のなかで明るく輝け

歌詞の続きは、偉大なロシア民族が団結して不正と悪に打ち勝つ、と歌うわけだが、私にはさっぱり意味がわからなかった。そもそも、不正と悪って何？

第三番の歌詞とリフレインが終わると場は静まり、生徒は校舎に入った。

祝典の列に並んだ私は黙々と動き、合唱で必要なときには声を発しながらも、母のことしか考えていなかった。このとき、私の心を満たした胸さわぎは、私の幼い意識を捉えるほかのどんな予感からもはっきりと区別できた。

左へ、左へ！

リガのアパートで母の膝に座っていたときに母が描いてくれた絵を、思い描いた。

左へ、左へ！

母と子どもは臍の緒で結ばれていて、楽しそうに跳びはねている。

左へ、左へ！

そこに楽しいことは何もなかった。私は不安になり、その不安は募るばかりで、恨めしい祝典のスローガンと歌の全行程が終わるのを今か今かと待った。終わったらすぐにコートを取って、走って帰ろう。どうか奇跡が起きて、すべて大丈夫でありますように。母は職場にいるだろうか、もしかしたら家で鶏肉とリンゴケーキを焼いて待っていてくれるかもしれない。ほとんどまったくありえないけれど、もしかしたら、もしかしたら。

左へ、左へ！

私の心の震えを、誰かが知ったとしたら。胸の左側は不安のあまりばくばくしていた。落ち着かせようとしてもできない。きっと大丈夫、きっと。

左へ、左へ！

とりかじいっぱい！

自由に！

そうだ、自由に。とうとう終わった！　講堂を出て私は矢の如くロッカーを目指して駆け、コートを取って家に舞い戻った。

母は真っ青になって、ベッドに静かに横たわっていた。息をしていないようだった。私は何をすべきかわからず、両手で母の心臓を押して、母の口に息を吹き込んだ。学校でゴム人形を使って教わったように。

左へ、左へ、私は叫びながら母の心臓を押し、口に息を吹き込む。

左へ、左へ、私は泣き叫びながら、母に息をさせようとした。

左へ、左へ！

突然、母はゼーと深く息をし、心臓が急速に打ち出したのを私は自分の両手に感じた。ゼーゼーという息が整ってきた。母は呼吸をしていた。空気が足りないような気がして、母の毛布をひきはがした。母の下半身は濡れていた。風邪を引かせないようにさっさと着替えさせ、シーツを取り替えた。あとはストーブに火をつけよう。


――◇――◇――

私が陥ったのは単なる眠りではない。眠りよりも夢よりも遠い、誰もがいつか見る光に近い。自分の人生のさまざまな光景を駆け抜けたようだった。母が学校の制服にアイロンをかけ、義父はノートを覆う紙を折っていた。突然、娘が雪原に分け入り、私はその跡を追いたいのに遅れをとって、どうしても追いつけなかった。すると、父がモミの木の苗を切り倒している。父のそばに駆け寄って、私はそれを引き留めようとした。けれど、できなかった。

自分の足がなくなっていたようなのだ。

そして、白光のなかにセラフィマが現れた。全裸という姿で、目を見張るほど美しい。滑らかな肌は艶を帯び、乳房はふっくらと張り、すらりとした足は白い綿毛にうっすらと覆われていた。なんとも蠱惑的《こわくてき》に、身を委ねようとしていた。

私は近寄っていき、セラフィマの首筋にキスをした。セラフィマの香しい肌が震えて波打つのを感じた。私の嗅覚は犬のように鋭く、太陽に焼けたように敏感だった。

セラフィマがキスにこたえて私の乳房に触れると、乳房は固くなって彼女の手に委ねられた。セラフィマのひんやりとした手が、私の肩から腕、腰へと軽やかに滑っていく。そして、いつの間にか私が巻いていたショールをはぎ取った。大きく美しい華やかな蝶々となったセラフィマを、私は仔犬のように見つめていた。

上半身を脱がされて、私は寒気がした。そして、抱きしめられた途端、彼女の身体からやさしい温もりがどくどくと流れてきた。それがあたりに広がったかと思うと、ショールよりもはるかに強く私を包み込んだ。

自分の心臓の鼓動が聞こえてきた。セラフィマの鼓動なのかもしれなかった。それがしっかりと絡まった。私は感謝に満ちて、彼女の前に跪いた。彼女の滑らかな足に抱きつくと、白い綿毛が私の頬についた。苦しみもなく重みもなく、生は恨めしい日々のあらゆる重荷とともに、背後に遠のいた。そうやって死ぬ。地上でのすべての苦しみに対して与えられた、思いがけない幸福感。この瞬間が永遠に続いてほしい――私のこめかみがセラフィマの足元で鼓動している。

ところが、何者かによって強引に、私はそこから引き剥がされた。抵抗できない強さで。セラフィマは助けてくれなかった。神々しく立ったまま微動だにせず、私に手を差し伸べても、支えてもくれなかった。私がしっかりと両手でしがみついていた彼女の大きな膝と踵《かかと》とつま先は、とうとう力尽きた私の手からすり抜けた。私は彼女から滑り落ちた。セラフィマは私のショールを手にしたまま、白光のなかに留まった。私は、生の泥沼に引きずり戻された。

――◆――◆――

母の回復は早かった。救急センターの看護師が、一週間ほど母に注射をするために来てくれた。看護師は来るたびに深い溜息をついて、母の診察を待つ患者がひきもきらず困っている、早くよくなってもらいたいと言った。母の診察室は、見舞いの菓子箱と花束であふれているという。

「持ってきましょうか？」

「いいえ、同僚仲間で分けてちょうだい」母は言った。

私もできるかぎり母の介護をした。母は学校に連絡をして、私が学校を休んでもいいようにしてくれた。朝は母のベッドで二人一緒に朝食をとり、昼は私の手料理を食べ、夕食は軽くすませた。母は私に本を読んでくれた――もちろん、『白鯨』の一部を。

「私を『イシュメール』と呼んでもらおう」(＊1)まだ弱々しい声で、決まって母はこのように読み出した。神をおそれずに神を気取ったエイハブ船長の白鯨にかける執着が、私には理解できなかった。呪われた本だと思った。私たちみんなが呪われているように。ところが、母はその本によって明らかに元気づけられ、夢中になっていた。

何はともあれ、母が生還するのは頼もしい日々でもあった。母はタバコの量を減らし、少なくとも私の前では薬に手を出さなかった。食欲と味覚が出てくると、二人暮らしをはじめ

(＊1) ハーマン・メルヴィル／八木敏雄訳『白鯨』(岩波文庫、二〇〇四年)の冒頭の一文を引用。

て以来初めて私の料理の腕前をほめそやした。

「誰から教わったの？」炒めものやスープを美味しそうに食べながら、母が聞いた。

「そう、もうそんなに成長したのね。もう一三歳になったの？」母は聞き返した。

　朗らかにのんびりと過ごしているところに、学校の同級生がある知らせを持ってきた。村に記念碑が建つという。駅のすぐそばの、私のお気に入りの線路沿いの土手のあたりに。なんの変哲もないその小さな田舎駅で、五〇年以上前にソ連の外交特使が殺されたということだった（＊2）。その人は現金を運んでいたらしい。ロシアの英雄は、今ではラトヴィアの英雄でもあった。母はそうしたことを「くそくらえ」と言ってのけた。ときどき、母はこのように言う癖があった。私はわからないことだらけになった。

「何がどうくらうの？」

　母は言った。

「ラトヴィアが自由なときは、ロシアのくそを食わずにいられた。それが今や、疑わしいスパイもどきの記念碑を建てるなんて」

　母の言うことが私にはわからなかった。かつて自由だったとかいうラトヴィアのことよりも、はるかに大きな心配事が私には生じていた。記念碑の除幕式で、殺された英雄に捧げられたマヤコフスキー(＊3)の詩を暗唱する課題を先生に与えられたのだ。

普段の私がロシア語の学習にどんなに熱心だったとしても、ロシア語での暗唱は恐怖だった。それで、必死になって母に助け船を求めた。それからの日々、私たちの読書は「私を『イシュメール』と呼んでもらおう」からはじまり、詩を暗記しようとする私の努力と母の皮肉たっぷりの解説で終わった。

ぼくらは生きる、鉄の誓いに団結して。

母――「私たちはまさに鉄にへつらっている」

その誓いのためなら十字架もいい、弾丸も来い。

母――「来い、来い、そして消え失せろ」

誓いとは、世界にロシアもラトヴィアもなくなり、

（＊2）外交特使テオドール・ネッテ（一八九六～一九二六）は、ベルリンへ外交文書を運ぶ途中、ラトヴィアを通過する列車の中で襲撃を受け、廊下で格闘の最中に殺害された。

（＊3）ウラジーミル・マヤコフスキー（一八九三～一九三〇）はロシアの詩人。ロシア革命を受け入れ、急進的な芸術運動を展開したが、自殺。

たった一つの人間のアパートで暮らすこと。
母――「よく言ったものだわ、タコ部屋よ」
ぼくらの血管には水はない、血が流れる。
拳銃のやかましく吠えるなかをぼくらは進み、
母――「犬め、ロシアの犬」
やがて死ぬとき変わるだろう、
汽船とか詩とかそのほかの永い仕事に。(＊4)
母――「私を『イシュメール』と呼んでもらおう！」

どういうわけか、母の解説のおかげで、私はラトヴィア人が苦手とするロシア語の発音と複雑な語彙を覚えることができた――「čelovečjim obsčežitjem」《人間のアパート》の発音の難しさは、ラトヴィア語の早口言葉「šaursliežu dzelzceļš」《狭軌の線路》に匹敵する。私が感情豊かに暗唱できるように手ほどきするプロセスを、母はゲームのように楽しんでいた。母が堂々とした男の声で興じるので、二人で笑い転げた。ロシアの外交使節がまさにこの駅で射殺されたことに、私は心から感謝した。それ以上に、滅多にない母との楽しい時間を与えてくれた詩人のマヤコフスキーに感謝した。

記念碑の除幕式で私は情感を込めて自分が担う詩の一説を朗読したことから、ロシア語の教師は感涙《かんるい》したうえ、ラトヴィア語の教師は地域の朗読コンクールに出場する学校代表に私を選んだほどだ。

喜び勇んで晩秋の泥水をはね散らかしながら、私は家に飛び帰った。「私のことを『イシユメール』と呼んでもらおう」と、大声で連呼しながら。

母はいなかった。救急センターの仕事に戻っていた。私は浮き浮きとしながら犬に餌をやり、竈《かまど》の火を焚き、ジャガイモの皮むきをはじめた。冷気が母の部屋から入ってきた。窓が開いたままだった。ベッドの上にあった空の灰皿の横に『白鯨』があり、そこに栞が挟まれていた。栞というより、正確には印字の細かな紙切れで、本から引きちぎったようだった。私は見慣れないその紙切れを見つめた。紙切れに細かい番号が「11」、その反対側に「12」と振ってあった。


（＊4）詩の部分のみ、小笠原豊樹、関根弘訳「汽船と人間、同士ネッテに」（一九二六年）、『マヤコフスキー選集Ⅱ』飯塚書店、一九七三年より引用。

主の使いはまた彼女に言った――「あなたは、みごもっています。あなたは男の子を産むでしょう。名をイシュメールと名づけなさい。主があなたの苦しみを聞かれたのです。彼は野ろばのような人となり、その手はすべての人に逆らい、すべての人の手は彼に逆らい、彼はすべての兄弟に敵して住むでしょう」(＊5)

――◇――◇――

娘が母と義父の住む町に行ってしまうと、昼も夜も妙に空虚になった。犬は娘の部屋にこもり、机の下に潜って、カーペットの上にうずくまっていた。がらんどうのごとく冷たくてしいんとした家にいるより、救急センターの夜勤に出ているほうがよかった。町に行く娘に同行はしなかった。ただでさえ短い期間なのに、娘を戸惑わせたくなかった。

そのように土日の丸々二日はずしりと重たい時間となって私を押しつぶし、二度と逃れられないような気がした。救急センターの診察室でくだらないカルテを黙々と処理していても、ベッドでタバコをふかしながらだらだらと読書をしていても、何をしようが目的のない時間の浪費にしか思えなかった。金曜日に配達されるロシア語の医学雑誌にも、興味をもつことができなかった。ソ連の医療は進歩したとはいえ、それもささいな局所的なものにすぎず、なんの殻も剥がせていない。国民と母子の健康増進を支援すると公約する、ソ連共産党と政府のナンセンスな文書が入り口を塞いでいた。

一〇人の子どもを出産し、養育した母親は『母親英雄』の称号、九人を出産し養育した母親は『母性名誉勲章』の称号、六人を出産し養育した母親は『母性記章』第一等級、五人を出産し養育した母親は『母性記章』第二等級が授与される。社会主義国において、すべての子どもはいかなる民族、人種、出生地、物理的な環境にかかわらず同等の権利を有し、婚外子と婚姻子は区別されない。（＊1）

それを自分の患者の一人として教えたこともなければ、中絶を促したこともないとはいえ、出産してこの時代のこの場所でこの世に子どもを放出することは、周りで起こっているすべ

（＊5）「創世記16：11、12」『旧約聖書』（日本聖書協会、一九七四年）から該当部分を引用。

（＊1）一九四四年、ソビエト連邦最高会議幹部会が制定した法規。以来、一九九一年のソ連の崩壊に伴って廃止されるまで、法規はたびたび改訂された。

ての物事と同じくらいナンセンスだと私には思われた。世界から隔離されて、有刺鉄線と獰猛な番犬のいる高い塀に囲まれる運命にあるのだ。まどろみのように存在することを「生きる」と呼ぶ定めにあった。そのまどろみの核に位置するのが私だ。しがない一兵卒となって、日々手を添えていた。

ただ、私の考えのとおりになっていたわけでもない。まどろみの存在になんらかの意味ある一条の光を投げかけたのは、まさに娘なのだ。

娘は私と一緒に、決して解き放たれることのない恨めしい追放を耐え忍んでいる。私はソ連の医師という将来性あるキャリアも、学会、貢ぎ物、特権といった世界も剥奪された。将来的に確かな、奇跡的発見の研究が奪われた――男女の体外で精子と卵子が出合い、結合する。そこに、神が口を差し挟む余地はない。

空虚な一人暮らしの日々は思考の時間となって、過去のさまざまな光景が浮かんできた。父から聞いた話を思い出した――戦争が終わったとき、母と連れだってラトヴィアを出るチャンスは何度かあった――船や馬車を使ってドイツまで。当時、母は妊娠八か月。ソ連軍のリガ侵攻まで、まだ時間の余裕があった。命からがら海辺の森に身を潜めていた人々は、ゴットランド島に行く釣り船を待っていた。比較的安全に出国できるチャンスが父と母にあったというのに、母は頑として拒んだ――祖国で出産したいと言い張って。

このときの断固とした母の意志が、母だけでなく、父のその後も、私の人生も決めたのだ。私は心のどこかで、すべてを母のせいにした。今の私の年齢のころ、ロンドンの兄を訪ねる願いを繰り返し役所に却下されて、台所でメソメソしていた母を可哀想だとも思わなかった。それでも私とは違い、面倒見のよい善良な母だった。やさしく、こまめに私の世話を焼いてくれた。今、娘がやさしくこまめに私の世話を焼いているように。

空虚な日々、私は何度も娘の部屋に入った。散乱した私の部屋とは違って、隅々まで感心するほどきれいに整頓されていた。母と義父の写真が娘の手製の写真立てに入って、古びたデスクランプに立てかけられていた。学校のクラブでつくってきた陶製のリスと壺も。きれいに重ねられた本とノート、机の下に犬が水を飲むための皿。木箱には義父が削った色鉛筆、私の医学辞典の一冊、花と植物の標本箱、窓辺には娘が近所の川岸で拾ってきた貝殻。古タンスの引き出しには下着やタイツがきれいにたたまれて並び、その一番下に学校の制服をかけるハンガー。

別世界だ。私が自分のミルクでかき乱さなかった別世界は、まどろみの存在をいつか抜け出していく。生の喜びを無にすることなく生きていく。生の苦いミルクでなく、安心のミルクを味わいながら。
犬はそれなりに礼をわきまえて尻尾を振ってみせながら、ひたすら娘の帰りを待ちわびていた。私はドアを閉めて、タバコの煙が充満した自分の小部屋に戻った。地獄の第七圏(*2)を抜けるしかない。自分のぶんだけでなく、娘のぶんも。

――◆――◆――

祖父母のところから母のもとに戻ると、その都度、私の部屋は決まって母の匂いがした。普段は私の部屋に滅多に入らないのに。このベッドに横たわったのかしら？　私はカバンからアイロンのかかった衣類を取り出して、次の一週間の学校に備えた。母は祖父母の様子を尋ねなかった。私が祖父母からの挨拶を伝えると、「よろしく」と返すだけだった。
町のアパートの、母の部屋が今は私の部屋となっていることを母には言わなかった。本棚には、置きっぱなしの母の蔵書が並んでいた。私が行く日には、いつも机の上に新鮮な花が花瓶に生けられ、菓子をのせた皿が置かれていた。ソファーにも大きな肘掛け椅子にも滲みついていたきついタバコの臭いは、ほとんど消えていた。祖母が徹底的に部屋の換気をしたのだろう。カーテンは石けんの香りがした。きっと、何度も洗濯をしたのだ。きれいにシーツの敷かれたベッドの上には、前回置いていった下着と衣類が洗濯され、たたまれて重ねてあった。

この天国で、私は土日の二日間と休暇中の数日間を過ごした。しばらくしてその部屋に、白いハムスターを入れた檻が登場した。私はハムスターに「ベンビィ」という名前を付けた。不自由を嫌うわがままなハムスターは、十字架を背負った鬼みたいに檻のなかを行ったり来たりした。私が訪ねていくことは、ベンビィにとっては解放を意味していた。部屋中を気の向くままに走り回って、行く先々に小さい糞を落とした。私を仲間のように待ちわびていた。あるとき、ベンビィが檻から消えた。いくら呼んでもこたえず、とうとう一晩中出てこなかった。

翌朝、ノックの音でドアを開けると、階下に住むポーランド人がベンビィを抱いて立っていた。ベンビィは水道管を伝って彼女のトイレまで達し、目の下を黒くしてポカンとしていたという。義祖父がベンビィの首根っこをつまみあげて言った。「いい歳をして、落ち着き

(＊2) ダンテの『神曲　地獄篇』から地獄の第七圏。下部地獄の第一圏でもあり、すべて暴力者にあてられており、絶望とつながっている。

なさい。みんな檻に住んでいるんだぞ」

そんなことがあった次の機会に私が訪ねていくと、檻のなかには小さい茶色のハムスターが一匹増えていた。祖母がベンビィにガールフレンドをあてがったのだ。檻のなかで家族と身を落ち着けて、人騒がせなことをしないようにと。

私は雌のハムスターを「回転草のロザリィ」と名付けた。そのうち、ロザリィが身ごもると、ベンビィは檻の隅にうずくまり、そっけなく眠ってばかりいるようになった。ロザリィのほうは、めまぐるしく動き回って自分の周りに寝床をつくり、そこに身を隠した。ベンビィはロザリィにまったく関知せず、ただ食べては眠っていた。自由意志のベンビィの姿は、もうそこにはなかった。

そして、その次に私が訪ねたとき、恐ろしいことが起こった。ロザリィの巣が動き出し、そこからほんのちっぽけな毛のないものが這い出してきて、か弱い鳴き声を立てた。それに気づいたベンビィは、後ろ足をすりあわせて身を震わせ、最初の子を前足で捕まえて頭から食べ出した。まるで、ニンジンかジャガイモの欠片のように。自分の子どもをむしゃむしゃと食べるとは、なんという凶漢《きょうかん》か。

祖母は涙にむせびながら、ロザリィの巣をピーピーと鳴きわめく子とともに檻から引っぱり出した。その夜、子どもは全滅し、ロザリィも数日後に死んだ。ところが、ベンビィは日が経つにつれて元のやんちゃ坊主に戻った。檻のなかを駆け回って、次に出してもらえる日を待っていた。

私はベンビィが憎らしかった。死んじゃえばいい。檻のなかになんの不満があったというのか。食べ物も温々とした巣も、それに妻と子どもたちもあったのに。部屋を駆け回りたいがために、そのすべてを棒に振ったのか。下水管に入りたいがために？

私はベンビィを檻から出すのをやめた。ベンビィは毎週のように私を待ちわびて、情けを期待していた。私を見ると檻の柵に両足を上げて立ち、まるで手を振るようにせがんだ――出してよ、ぼくを自由にしてよ。けれども、私は自分の心を固く閉ざした。

私が出発することになっていたある日曜日、その日がベンビィの命取りとなった。祖母によると、ベンビィは一週間ほとんど何も食べていなかった。隅にうずくまって、眠ってばかりいた。柔らかく丸々としていた腹はへこんでいた。部屋に私が入ってもピクリともしないし、ぼくを出して自由にしてと、いつものようにせがむこともなかった。身を屈めて檻をのぞいてみると、ほとんど息もないようだった。鼻面を巣に埋めて、白毛は弱々しく波打っていた。私は急に可哀想になって、檻の扉を開けて呼びかけた。「ベンビィ、化け物ちゃん、出ておいで。かけっこしよう。ベンビィ、おいでよ、自由になれるよ」

ところが、ベンビィは寝たまま、ほとんど息がなかった。しばらくして、ベンビィは私の眼の前でピクっとしたかと思うと固まった。鼻面と手足がだらりと伸びた。祖父母が止めるのも聞かずに、私はベンビィをテーブルクロスに包んで袋に入れ、そしてカバンに入れた。

「ここには埋める場所がないでしょ」そう言って私は祖父母に別れを告げ、駅に向かった。

列車の車窓を、過ぎゆく駅が次々に変わった。いつもなら同じ車両の乗客をよく観察する——変な人がいないかと——のに、そんなことは考えもしなかった。古びた墓地の道のことも——そこを通るときには深く息を吸って、後ろを振りむかないで一気に駆け抜ける——考えなかったし、母のもとへ戻るとき、車窓の枠に鼻を押しつけて泣いて別れを惜しんだ祖父母のことも考えなかった。布にくるんで田舎の庭に埋葬するために運んでいくベンビィのことで、頭はいっぱいだった。どこに埋めよう——リンゴの木の下、ジャスミンの茂みの下、それとも自分の子どもを食べた罰として塀のそばにしようか。墓標もいらない。ベンビィは私のせいで死んだのだろう。自由になりたくて死んだということ？　私の態度は、公正な裁きではなかったということ？　自分の子どもを食べたあげくに、自由を求めて死ぬなんて。

普段は長いと感じていた道中が、このときはあっという間だった。いつの間にか、あの小さな駅に着いていた。春が近づいていて、夜はまだしばらく明るい。周りがよく見えて、墓地を行くのも平気だ。

墓地の広場に白いアネモネが咲いていていた。このままこの墓地に埋めようか？　とてもそんな勇気はなかった。それに、ベンビィを母に見せたかった。母はほとんど関知していなかったけれども。花はベンビィに似合わない。でも、せめて葬儀らしくしよう――そう思って、花を摘んで小さな花束をつくった。

母は部屋でコーヒーを傍らに、タバコを吸いながら本を読んでいた。部屋の窓は春めく庭に向かって開け放たれていた。私に気づいて、母は嬉しそうな顔をした。

ベンビィの気配を感じたのだろう。犬がくんくんと私を嗅ぎ回った。私はカバンから包みを取り出して机の上に置いた。それを持って母の部屋に行った――「ベンビィが死んだの。庭に埋めてもいい？」

「何があったの？」母が尋ねた。

「自分の子どもを食べて、それから自由になりたくて死んだの」私は答えた。

「勇敢なハムスターね」母が言った。

「勇敢？」

私が声を上げた途端に、それまでこらえていたすべての涙がほとばしった。祖父母との別れ、ベンビィを亡くした悲しみ、そしてベンビィと一緒に過ごした自由なひとときとの別れの涙が。

「自分の子どもを食べるのが勇敢だというの？」

私はしゃくり上げながら、憎しみと愛情の狭間で抗っていた。ベンビィにも母にも、同じ感情を強く抱いた。

「勇敢というのは自由のことよ」

母は穏やかに言って付け足した――「ベンビィを埋葬しましょう」

私は次第に泣きやんだ。犬を家のなかに残して、私と母は春めく庭に出た。

「どこにする？　ジャスミンかリンゴの木の下、それとも罰として塀のそば」

「死んだら許してあげるものよ」

母はそう言うと、シャベルを取ってリンゴの木の下に小さい穴を掘った。私はそこにアネモネの花を敷き詰めてベンビィを置いた。白いアネモネのなかに白いハムスターが横たわった。シャベルでたった二回の土をかけただけで、ベンビィは春の匂い立つ黒土の下に消えた。

母はタバコをくゆらし、ベンビィの墓を前に私としばらく腰を下ろしていた。

「どうして自分の子どもを食べたの？」私は母に尋ねた。
「檻から出してやりたかったのかもしれない」母はそう言って、私を強く抱き寄せた。母は全身を震わせているようだった。何か抑えきれない突然の不安で、心臓がドクドクと打っているようだった。私は母に強く抱きついて、しばらくそのままにしていた。掘り出したばかりの土の匂いが、タバコの匂いと混ざりあった。遠くでナイチンゲールのさえずりが聞こえた。もうすぐウワミズザクラが花をつける。

――◇――◇――

救急センターの狭い診察室は、日に日に息苦しくなってきた。患者は増える一方だった。先々で患者たちが私の話を広めたことから、遠方からも花と菓子箱と取れたての農産物を抱えて受診してもらおうと押しかけてきた。監視の目はなくなっていた――へんぴな片田舎にいるかぎり私は無害だったし、それに、もう十分厳罰を受けたと見なされたようだった。
かつての同僚たちは、私とかかわりあいをもとうとしなかった。もっと正確に言えば、快適で高収入の輝かしいキャリアを失うことを恐れて、無関心を装っていた。医者という職業には、ソ連の友好国や「腐敗した西側」への出張という特典もつくようになっていた。

私にかかわりあえば、悪名高い「角の家」(＊1)に即通告されるとわかりきっていた。そんなふうに秩序だっていたのだ。ユダの小銭で自由の殻が手に入る。それはレニングラードに行く前に私にも投げられたのに、私は使いこなせなかった。その結果、破門となってこの救急センターの息のつまるような小部屋に閉じ込められたのだ。

かつてセラフィマで実証したことを、私はここで何度も成功させていた。不妊の女性たちは、私の指示どおりに夫の精液を持参した。そして、彼女たちの表現を借りれば、奇跡が起こった。私は魔法使いだと崇められた。魔法どころか、偶然の幸運な一致にすぎなかった。私の知る医療のコツを用いて、ほんの手ほどきをしただけなのに。しかも、そのおかげで私は屈辱を忘れて、まるでゲームのように難なく正確に診断ができた。日頃の婦人科の検診よりもやりがいがあった。処罰され、追放の身でありながらこんなことを繰り返しているなど、かつての院長はまさか夢にも見ていないだろう。院長にしっぺ返しをした気分だった。

その一方、追放に救われもした。私の存在は、自分にもわからない理由で引き延ばされていた。一度だけ、患者に死なれたことがある。町の精肉工場にいたならば、患者の死亡は医学上の統計として、避けられない自明のこととして受け止めざるをえなかっただろう。たった一度のあの無意味な死は、その細部まで忘れられない。

陣痛が長引くことは珍らしいことではない。あのとき、産婦は苦しみ、体力を失って脈は弱まり、胎児の鼓動も弱まる一方だった。私は帝王切開に切り替えることにした。研修生が手術の助手をしていた。麻酔が効いたところで私はメスを入れ、健康優良な男子を取り上げた。あとは傷口を縫いあわせれば終わりだ。

私は研修生に向かって頭を振って、もう手助けはいらないと目配せをした。すると、研修生は私の目の前で、切開した患者の腹の上で手袋を外したのだ。手袋の内部から汗まみれのタルクパウダーが切開部に降りかかった。

パウダーが血に滲み、研修生は自分のしでかしたことに目を見開き、呆然と立ち尽くした。私はとっさに局部のパウダーを除去しようとした。しかし、手遅れだった。すぐに麻酔薬を追加投与したが、患者は数日で敗血症となって、体内器官のすべてに毒が回って救えなかった。

院長は、これを不慮の事故として処理した。研修生は、院長の親友である高級官僚の息子

（＊1）ソ連国家治安委員会のラトヴィア本部は、旧レーニン通りと旧エンゲルス通りの角にあったことから俗称で呼ばれていた。

だったのだ。そのときの私は、レニングラードでの学問の大道を目前にしていた。その夜、私は帰宅してトイレに閉じこもって慟哭《どうこく》し、精神安定剤をアルコールに混ぜて飲み、母と義父と娘を驚愕させた。

この片田舎の静寂に包まれて、私は何度も奇妙な夢に襲われた。私は空っぽの原野に立っていた。二人の女性が近づいてきた。どちらも顔見知りだ。一人はセラフィマ、もう一人は死亡した患者。死亡した患者は、自分は生きていると言った。それになんとこたえるべきか、私は戸惑いまごついた。生きている女性は死んでいて、死んでいる女性は生きている――そう思って、ぐっしょりと汗にまみれて目覚めるのだ。

早朝、台所で娘が食器の音をそっと立てていた。学校の支度をしていた。コーヒーのいい香りがした。私のために入れてくれている。マグカップにブラックで。いやな夢にすぎない。みぞおちの痛みは消えていた。

――◆――◆――

いつものように、私は母の部屋にブラックコーヒーのマグカップを持っていった。

「いやな夢を見た」と母は言った。夢の話はそれきり。私たちは普段から互いに、自分の見た夢に相手を引きずり込むようなことはしなかった。夢は夢で、現実は現実だ。

その現実に私たちは生きていた。日々の小さな断片が一日となり、一日は一週間、一週は一月となり、一月は一年となる。それは、週に二回私が通っていた人民会館の地下での陶芸教室にある土塊《つちくれ》のようにギュッと密着していた。大きな塊のままセロファンに包まれた粘土は、バターの塊のようだった。売店で売り子は、糸を使って、まさに粘土のようにバターを小分けにしていた。陶芸教室の教師は町から来た彫刻家で、タバコとアルコール臭いところが母によく似ていた。

レッスンがはじまると、先生は糸で切り分けた土塊を私たちに配った。先生は型紙を用いて粘土で箱などをつくってみせながらも、生徒には各自好きなようにつくらせた――「直感のままに」と、先生はよく言った。先生は毛編みのベレー帽を片目が隠れるほど深めに被り、ポンチョと呼んだ布にくるまった格好でもくもくとタバコをふかしていた。私たちは自分の直感のままに捏《こ》ねた。

捏ねはじめの粘土は、指に抗《あらが》って思いどおりにはならない。それが温まってくると、柔らかくなってすんなりということをきく。これまでに私がつくった縁を波状にさせた皿やリスをかたどった置物、それに二枚のメダルは、家に持ち帰ってあった。メダルには「三月八日祝い」の文字を入れ、上から花を貼りつけて釉薬で彩色した。国際婦人デーに、母と祖母にあげて驚かせるつもりだった。今回は、何か違うものをつくりたかった。

いつか母が描いてくれた絵を思い浮かべた。おぼろげな記憶をたどって、母親の腹のなかにいる子どもの姿を思い出そうとした。大きな豆粒のようでありながら、明らかに人の特徴を示す頭と二本の手足。縮こまって、自分の内にこもっているかのようだ。毛糸玉のように丸まって。ところが、それはなかなか形にならなかった。いくら指で捏《こ》ねて机の上を転がしたり、長く伸ばしたりして一つに丸めても、へんてこな塊のままうまくいかなかった。先生は困りはてた私に気づいて、何をつくっているのかと尋ねた。

「子ども。母親のお腹にいる子どもです」私は答えた。

すると先生は、タバコの火を消して、表面を滑らかにしてくれた。

「そのものじゃなくていいのよ」先生は言った。「イメージを形にするの」

でも、私はできるだけ本物らしく、記憶のなかにある母が描いてくれた緻密な絵そのものをつくりたかった。それなのに、頭は大きすぎ、両手両足は小さすぎて弱々しかった。

思うようにできない自分に腹立った私は、不細工な子どもを塊に戻して、初めからやり直した。ほかの生徒たちは、ありきたりのきれいな皿や動物の形をほぼ完成させようとしていた。それらと違うものをつくれと、私はいったい何に駆り立てられているのだろうか？

私はもう一度粘土のボールを捏ね回し、机の上を転がし、先生がやってくれたように表面を滑らかにした。再度とりかかるのが怖かった。またどこかで間違って、指の間から不細工な子どもが出てくるような気がした。押し黙った粘土の滑らかな表面を見つめた。生き返らせる？　命を吹き込む？　見回っていた先生が、手助けに近寄ってきた。私はまだ粘土に手を出せないままでいた。

私は立ち上がり、自分にも、机の上で生まれないまま転がっている粘土の子どもにも手をこまねいて、両手を握り締めた。そうなのだ――みんなが生まれてくるわけじゃない。けれど、みんな死ぬんだ。無力を感じた私はそれを壊してしまいたくなって、握り締めた拳を粘土に押しつけた。そこに先生が来た。「あら、できたわね」

見ると、指の骨の跡が三つのサナギとなって、小さな人間の輪郭をはっきりとなしていた。母の絵ほど正確ではないにしろ、そんな感じがした。先生が釜に入れて焼いても、その形は崩れなかった。それを私は母にプレゼントした。

母はそれをどこかに隠してしまった。本棚にも窓辺にも、時々私が整理した母の部屋のどこにも見あたらなかった。
　母に粘土の子どもをしまい込まれて、私はがっかりした。あれは、私の奇跡の子どもだった。陶芸教室から帰るあの日の夕方、私は途中でそれまで感じたことのない異様な痛みを股間に感じ、突然排尿したくなった。茂みに隠れてうずくまってショーツを下ろすと、そこに血の線がついていた。驚かなかった。母から聞いていた。いつかはじまることで、はじまれば毎月やって来ると。毎月、少なくとも四日間の流血が。
　初潮のことはずっとあとになってから母に告げた。痛みがひどくて、私は学校で何度か気絶した。粘土の子どもは私の新しい時代を切り開いたのだ。

――◇――◇――

　村のルーテル派教会は救急センターに通勤する道に面していた。書籍倉庫となっていたその教会は運がよいほうだった。破壊されたり、集団農場《コルホーズ》用の肥料や飼料蔵とされたりした教会もあったのだ。神は母と義父の話題にはならなかった。誰も話題にしなかった。神はいないと明言されていたのだ。けれど私は、子どものころに一度、その存在が証明されるような話を聞いたことがある。

祖母が私の世話をするために、ひと晩だけ家に泊まりに来たことがある。祖母はツルコケモモのデザートをつくり終えると、まさかというような話をした。

子どものころ祖母は、冬の寒い夜に毛布と毛皮に包まれて橇《そり》に乗せられた。馬がチリンチリンと鈴を鳴らして橇を教会まで引いていった。そこで毛布に包まれたまま橇を降ろされ、教会に運び込まれた。神父の説教の間、彼女は教会の窓の外に薄い夏服を着た男の姿を見た。きっと神に違いなかった。のちに男は溝に横たわっているところを発見された。そのとき男は、身体の上に教会から剥がした格子窓を乗せていたそうだ。生きているのか死んでいるのか、近寄って確かめる勇気のある者はいなかった。

私はまだ会ったことがない――世間知らずの学生だった私は、ユダヤ人の老教授にそう言った。教授はもちろん、その曖昧な返答をさらに通告した。もちろん私は、エンゲルス通りの尋問者にも「神を信じていない」と答えた。老教授はなんと報告すべきか知っていたし、私はなんと答えるべきかをふまえていた。それなのに、ますます頻繁に私は考えるようになった。

あのとき、神はいたのだろうか。セラフィマが身ごもったとき、ここで患者たちが身ごもったとき、冷たい金属製のあぶみのある古びた診察椅子の上にいたのか、いなかったのか。それを指し示すほんのかすかな合図を与えるものは、どこにも、誰にもなかった。その存在をどうやって予知し、感じられたというのか？　その存在がなくとも、ほとんどすべての説明がつくというところで。

その女性は突然にやって来た。夕方、診察の終了間近だった。ドアがそっとノックされた。「お入りください」と私は言った。大きなショールで頭をくるみ、ラトヴィア語を話さなかった――まるでセラフィマにそっくりだった。

おどおどしながら診察台に腰掛けた。もう何か月も腰と下腹部の痛みに悩まされているという。薬草を煎じて飲んだり、薬を塗ったり、祈りも捧げたけれど、まったく効き目がない、痛みがひどくてこれ以上耐えられない、と説明した。

頭にショールを巻いたまま椅子に座った女性に、私はベストとブラウスのボタンを外してブラジャーを上げるように指示した。すると女性は、両手で胸の上に十字架をかざした。セラフィマが首にぶらさげていたものによく似ていた。それから、言われるがままにした。

乳首に手を触れなくとも、見ただけで明らかだった。乳首は内側にくぼみ、右胸と脇はどこもデコボコとしていた。一五年以上も検診を受けていないという。

「精密検査を受けるために、すぐに町の病院へ行ってくださいＯ 手術となるでしょう」

「癌でしょうか？」女性が尋ねた。

「おそらく。でも、そうでない可能性もあります。検査は早ければ早いほうがいいです」

「病院に行ったことがないのです」服を身につけながら彼女は言った。

年齢不詳だった。幼い表情は素直で、胸は張り、肌艶はいいのに、皺だらけの疲れた手だけが年齢を語っているようでもあった。

「もしかしたら、やっぱりもう一度試しに祈ってみます」彼女は言った。

「先延ばしにしないで病院に行くことを強くおすすめします」私はきっぱりと言った。

「先生は神の存在を信じますか？」彼女が尋ねた。すべてがめぐりめぐって戻ってきたかのように。

「まだ会ったことがありません」私はいつもの台詞を繰り返した。みぞおちを小突かれたような、妙な気持ちだった。

「残念です。生きているうちでもっとも美しい出会いなのに。永久の愛と信頼。いつも支え慰めてくれる友です」

なんと無邪気に、なんと大げさなことを言うのだろう。私の目に映っているのは、癌にむしばまれた女性の体だ。手術も、神の救いも、手遅れにちがいない。

「来てみてください。あそこの森の奥深く、川沿いの丘に正教会の小さい教会があります。窓はなく、板が打ちつけてありますが、静かに祈ることができます。誰も行かないところで、安全です」と女性は言った。

そんな教会の話は初耳だった。

「日曜の朝に来てください。私が祈祷書を読み上げます」

娘のいない空虚な日曜日。だいぶ雪が降り積もり、森に入るのはひと苦労だった。それまでに行ったことのない方角だった。森の端にできた獣道が雪の降り積もった小径となって、その向こうに眠りこけた川が白い寝息を立てていた。そこに教会があるなんて、とても信じられない。ところが、すぐ先の木々の向こうに、小さな丸屋根のシルエットが二つ浮かび上がっていた。

確かに、窓は板で打ちつけられていた。扉が半開になっていた。内部の暗がりに細い蝋燭の灯が光り、静かな歌声が響いていた。一段高くなっている半壊の祭壇に、蝋燭に照らされたイコンが立てかけられていた――頭に丸い後光のある、子どもを抱いた聖母。女性がイコンに向かって立ち、歌っているかのように冊子を読み上げていた。ロシア語の聞き知らぬ言葉が、波となって降りかかってきた。

何かが起こって何かが変わり、その途端、私はその言葉を理解した。


（＊1）

聖母よ、われは爾の憐れみを讃えて、爾に乞う。われの意識を晴らし、キリストの掟の道を直進するよう教えたまえ。

目覚めて歌うことで、無情の眠りを蹴散らす力をわれに与えたまえ。神の許嫁《いいなずけ》よ、罪に繋がれしわれを、祈りで釈きたまえ。

昼も夜もわれを守り、われにあらがう敵から救いたまえ。

生命を与えし聖母よ、われの欲を殺してわれをよみがえらせたまえ。

沈まぬ光を生みし人よ、陰るわれの心を照らしたまえ。

すばらしい王者の城よ、われに神なる精神を宿らせたまえ。

癒やし人を生みし人よ、われの心を罪深い欲望から癒やしたまえ。

生の嵐に転がされたわれを、憐れみの港に導きたまえ。業火と寄生虫と地獄からわ

（＊1）　正教会の用語で聖母マリアを「生神（しょうしん）女」というが、ここでは「聖母」を用いる。

れを救いたまえ。

――◆――◆――

夏が近づいていた。ひと冬の間に何かが変わっていた。母は落ち着いて穏やかになり、私がいつもひしひしと感じていた、めまぐるしく移り変わる恐怖はどこかに消えていた。手料理の夕食で、私の帰りを待っていてくれることさえあった。

時間があるときには、一緒に読書や庭仕事をした。去年の落ち葉と枯れ枝を掃くと、その下から緑の芽が威勢よく突き出ていた。我が家の庭がもっとも美しい季節だ。もうすぐ花が咲く。老木はどれも見事で、リンゴの木は一年おきに花を咲かせ、サクランボと洋梨は毎年のように実をつけた。夏が来ればバラが茂り、ジャスミンが香る。

この暮らしもあと一年しか続かない。私が進学する予定の高校は通学するには遠すぎるため、平日は寄宿舎に入ることになるだろう。

学期末の成績票をもらった日、母は定時に仕事を切り上げて帰宅した。エクレアとクリーム入りの筒形菓子《トゥルビニャ》を買ってきた。私がお茶の用意をしてから、二人で庭にある桜の老木の下に小テーブルと椅子二脚を運び出した。地面はまだひんやりとしていたが、温かく香しい空気が漂っていた。

　成績票を見た母が微笑んだ。体育の「4」を除いて、ほかは全科目とも最高の「5」だった。母が私の頭を撫でた。滅多にないやさしい仕草だった。私は母に身をすり寄せて、その頬にキスをした。

　夏休みの二か月間、私たちは離れ離れになる予定だった。私は祖父母について、遠くの黒海沿岸まで出掛けることになっていた。まず列車でクリミア半島のシムフェローポリへ、そこから南海岸の町アルシタまで、数日にわたる長旅となる。

　本当は、母にも一緒に行ってほしかった。

「心配しないで。キノコの季節になったら帰ってくるね」私は言った。

「大丈夫」母が言った。「日を浴びて海で泳いで、果物をたくさん食べるのよ」

　五月の夜が、私たちをやさしく包み込んだ。

「ママ」そう言った途端、自分でもハッとした――そのとき初めて、私は母のことをそう呼んだのだ。

「ママ、八年生（＊1）が終わったら町に戻りたいの。アパートの近くに高校があるでしょ」

とうとう声に出して言ってしまった。心の石が転がり落ちた。

母はタバコを取り出し、マッチをすって火をつけて吸った。

「そのほうがいいんでしょうね」

ひどくもの悲しそうに母が言った。私は喉元が締めつけられそうになった。

「いつだって会いに来れるよ、まだ一年も先のことだし」私は気まずい空気を変えたかった。

「大丈夫。さあ、食べなさい。よく頑張ったご褒美よ」母は静かに言った。「まるで夢に出てくる私みたいね。円の真ん中にいて、両方から引っ張られて板挟みになって苦しんでいる」

なんの夢の話なのか私にはわからなかったが、まさにそのとおりだ。私は、母と祖父母との別れに、その都度苦しめられてきた。その苦しみになんとか慣れて、母と祖父母が入れ替わる再会を喜ぼうとしてきた。

列車は南方へ疾走し、私を苦しみから遠ざけた。清潔で快適な客車だった。車掌がお茶を給仕し、祖母は道中に食べるための菓子をどっさりと用意していた。義祖父が連夜つれていってくれた食堂車では、キエフ風カツレツもビーフストロガノフも串刺し肉もソーセージのクパートゥイも注文できた。祖父母はコニャックを、私は炭酸ジュースを飲んだ。

ベラルーシの森は徐々にウクライナに入っていた。途中に停車する小さな駅では、頭をシヨールで被った老女や男たちが、声を張り上げて洋梨やアンズをバケツ売りしていた。天国は間近だ。

シムフェローポリ駅に着くと義祖父は、白のジグリ（＊2）の運転手と交渉して、アルシタまで乗せてもらうことになった。開いた車窓から吹き込む生暖かい南風に私たちの髪は乱された。景色も木々も人もまるで違っていた。別世界に入ると日常を忘れた。道すがら、母のことを私は一度も思い出さなかった。母は霧に包まれて消えたように、毛糸にくるまれて玉となって遠くに転がった。

親切な女性の家に、私たちはひと間を借りることになっていた。私たちが長旅を終えた暖かい夜に、家主は瑞々しいスイカでもてなしてくれた。テラスにある東屋《あずまや》のテーブルの上にはブドウがたわわに実り、完熟でない房でさえ口元に落ちてきそうだった。私がそのブドウを少し取っても構わないかと尋ねると、家主はにこりとして、よく熟したのを探すようにとすすめてくれた。庭に茂る木々も、その枝にぶらさがっている実も、どれも初めて目にするものばかりだった。

（＊1）日本の教育制度の中学校二年生に相当する。

（＊2）ロシア製の車「ラーダ」の旧ソ連での通称。

翌朝、朝食を早々とすませた私たちは三人で海へ向かった。祖母は麻の白いワンピース、義祖父は半袖シャツとゆったりとしたズボン姿。私はというと、祖母が買っておいてくれた魚模様のオレンジ色のビキニ。私は、祖父母の腕につかまって、仔馬のように跳びはねた。三人とも幸せに、にこやかに海に向かった。

目前に海が広がっていた。果てしなく広大で、金色の朝日にあふれていた。泡立った波が岸辺をなで、小石の上でタンバリンを鳴らしていた。青緑色の鮮やかな水に透けるように青い空が映り、見渡すかぎり雲一つなかった。まるで魔法にかけられたように、私たちは海岸に佇んだ。

「走ろう！　いいわね、走るのよ」

ふいに祖母が口を切ると、ワンピースとサンダルを投げ捨てた。私もワンピースを脱ぎ捨てて祖母を追いかけた。泡立つ塩辛い水に、やさしく包み込まれた。

「ミルクのように温かい」（＊3）祖母が言った。

私は泳いで祖母に寄り添い、ぴったりと抱きついた。そのまましばらく、二人で波に浮かんでいた。母の毛糸玉が遠くから転がってきて、目に見えない糸で私たちをさらに強く結びつけた。義祖父は岸辺に立って、陽気に手を振っていた。

ある夜、テラスで祖父母が家主とワイングラス片手におしゃべりをしていたとき、私は一人で海に行かせてもらった。

「海に入ってはいけないよ」義祖父が注意した。

海岸の人影はまばらになっていた。南国の夏、暗い空に見慣れない星が光っていた。海は穏やかに水しぶきを小石に打ちつけ、空気は弓のしなるような音で満たされていた。すべてが愛にみなぎっていた。空は星を、星は海を、海は空を愛していた。私は祖父母を愛し、二人は私を愛していた。

暑苦しい救急センターの診察室にいる母のことを思った。女性たちは、廊下に座って延々と順番待ちをしているのだろう。家の母の部屋も、きっと同じように暑いのだろう。いつものコーヒーカップとタバコ、そして母が唯一信頼を寄せている本の山を思い描いた。ここの広大な海と空は、ほんの爪の垢ほども母には届かない。東屋《あずまや》に垂れ下がる頭上のブドウを、母はもぎり取ることもない。海鳴りの音色は母の耳に届かないし、愛に満ちたこの空気を母は吸い込まない。

（＊3）　格別に滑らかな温もりを表現するラトヴィア語の言いまわし。

母はここにいない、けれど確かにここにいる。私は踵《かかと》まで水に浸かった――「ミルクのように温かい」、私の耳元に、祖母の声で母がそう言うのが聞こえた。

――◇――◇――

その夏、川の水はミルクのように温かかった。暑さは夜更けになってようやく和らいだ。昼間は延々と長く、きりがないように思えたが、短い夜は涼しい闇をもたらした。七月末、救急センターは一か月の夏休みとなった。それは私には、どうしようもなく長い孤独の時間でしかなかった。日陰の部屋に裸になって寝転んで、掛布にくるまって昼も夜も凌いでいた。

本を読もうにも読めなかった。文字を辿っていても思考は別のところにあって、目の前を素どおりしていった。時々、娘と母と義父のことを思った。三人が南国の海岸で楽しそうにしている様子を思い描いた。そこは満ち足りた天国だ。地獄と寄生虫、それに命を与えし聖母のことも思った。あれ以来診察に来ない女性の、祈りの言葉について考えた。あれからあの教会に何度か足を運んだけれど、空っぽで静まりかえっていた。

「命を与えし聖母」とは、なんと力強く美しい表現だろう。それに比べて、地獄と寄生虫はつまらない粗野な響きがして、まるで息も絶え絶えに地面を這いつくばっているようだ。それなのに、残された力を振り絞って、私の内部にねじり込もうとしていた。

私たちソ連の医師は、生命と健康のために闘うという誓いを立てなくてはならなかったし、核戦争の脅威を回避して、ソ連人民と祖国のために尽くすという誓いも立てさせられていた。「ソ連邦の医師の宣誓」というものだ。

「ヒポクラテスの誓い」(＊1)は、あらゆる神々の目の前で寄生虫によって蝕み尽くされた。新たなる治療者は我が師を自分の親と同じように崇めると約束して、女性には堕胎の手段を一切与えずに、私生活においても職務上においても美徳と孝行を守るものとした。そして、私たち医師は厳かに約束したのだ――この誓いを果たして侵すことがなければ、人生においても職務においても成功者となり、万人から永遠の尊敬を受けることができる。だが、それを破ったり偽りの宣誓をしたりするならば、その逆のことが起きるのだ、と。

その逆のことが起こった。そして、私は孤独な日々の灼熱地獄に閉じこめられていた。

（＊1）医師の倫理や任務などについての、ギリシア神への宣誓文。ヒポクラテスは、紀元前四世紀の「医学の父」と呼ばれている。

夕方の涼しさに誘われてやっと外に出てみると、遅咲きのジャスミンが強烈な香りを放ち、地面には犬が涼を求めて掘った穴があった。タオルを肩にかけて、門に鍵をかけ、私は川に向かった。この外出があればこそ、昼間を耐えた甲斐があるというものだ。

小径は切り立った粘土質の川岸を下り、細やかに冴えた湧水のなかに吸い込まれた。そして川に流れ込み、黒ずんだ水に溶けて一つの流れとなった。そこに油断が生じた。ふいに向きが変わり、岸から引き離される。流れに逆らって、力を振り絞って泳がなければならない。

岸辺の雑草は、ペパーミントがシモツケソウとショウブと混じりあって、聖母の香りを放っていた。腰を下ろした大きな石は、まだ暑い昼間の名残を留めていた。私はタバコをふかした。穏やかな川は静かで、底深くに流れを潜めていた。霧の霞が立ち上る先に、青白い光が夕焼けの方角から反射していた。空虚で長い一日が、それを埋めあわせる救いの夜とせめぎあっていた。

暗ずんだ空に飛行機の音がした。その音で、私のなかに恐怖と憧れが目覚めた。母と手を結び、よそ行きの服を着ている幼い自分を思い出した。

町を歩いているとき、頭上に飛行機が飛んできた。母は身体をビクッと震わせて私をきつく抱きしめ、裏庭に駆け込んだ。しばらくして、母は落ち着きを取り戻すと、私の上着の乱れを整えて、再び穏やかな街路を歩き出した。私は見知らぬ恐怖に憧れもした——手の届かない遠い響きは、頭上を越えて希《こいねが》う感覚を残していった。今、この川岸で、明日と明後日と続いていく生を約束しながら、一日がまた終わろうとしているように。まるで灰となって散っていく私のタバコの吸いかけが、人生の早すぎる終焉を暗示するかのように。

私は服を脱いで川に身を沈めた。ミルクのように温かい。生命の川は、聖母の水に私を浸した。果実を死なせ、親を傷つけた罪を赦した。私は誓おう。必ず逆のことが起きるはずだ。

——◆——◆——

八月末、私は母のもとに帰った。南海のすばらしいひと夏を過ごして私の髪は陽に焼けて明るみ、小麦色の肌となった。

「きれいになったね」私を見て母が言った。

母、小さな家、庭、犬、そのすべてが私の目にがらりと違って映った。どれもちっぽけに歪んでいて、埃をかぶったように侘しく見えた。それでいて愛おしくなった。

「暑い夏だった。救いは夜の川だったわ」母は言った。

「ミルクのように温かい水だった」私は母の言葉をつないだ。

母は私の土産物に目を丸くした――黄色いマルメロの大きな実、貝殻、波に洗われて角がツルツルになった色とりどりのガラス片、そして食用の栗。

「覚えている？」私は尋ねた。「リガの市場で買ってくれたよね、ママが二人で暮らそうと切り出したときに。ママに、あの味を思い出してほしかったの」

母が私に向けた眼差しは、まんざらでもなさそうだった。もう少ししたら、私はここから出ていく。広大で鮮やかな青い海を泳ぐように。波が小石でタンバリンを打つ音が、輝かしい未来を約束していた。どこか見知らぬ、想像もできない、自由な、土手の線路を長距離列車が轟音を立てて走る境界のないところを。

ある朝、まだ薄暗い未明、母に起こされた。

「起きなさい、さあ、身支度するのよ」

母はそう言って、ベッドのそばにカッパとゴム長靴を置いた。キノコ狩りだ。私は嬉しくなって飛び起きた。最近の私は母を森に誘い出すことができなくて、一人のときは深い森に迷ってしまわないように森の端を歩いていた。二人一緒なら、森の奥にだって入っていける。

暑さに代わった八月末の長雨は、キノコ狩りに最適だった。徒党を組んで、他人には悟らせない。森の道にどのように導かれようが、ただ信頼して任せる。ヤマドリダケを多く見つけたいと期待して、仲間の誰かがそれに成功すれば妬まず、自分にできたら仲間に明かす。キノコ狩りとはそういうものだ。

ようやく夜が明けようとするころ、私たちは森に入った。空は曇り、草原に温かい霧が落ちていた。朝の森の静寂に、聞こえてくるのは鳥の羽ばたきだけだ。木の幹に嘴《くちばし》をこすりつけて話す――ココニイルルル、ココニイルルル、ココニイルルル。私と母もここにいた――キノコの王国が待ち受ける奇跡の森に。

空の雲が途切れ、太陽の光がかすかに射しはじめて次第に強まってくると、森は金色の光に満たされた。モミの木、松、白樺、ヤマナラシ、シダの枝先に露が震え、細やかに編まれたクモの糸が輝いていた。もうすぐだ。今にもきっと出てくる。すぐには姿を見せない。強く思ったときにキノコは現れる。

ただ黙って意識を集中して歩く。話せばキノコを怖がらせてしまう。沈黙することに意味がある。シダの葉の下に柄が太くエンジ色をしたカサのアカヤマドリ、その先の黒々とした葉の茂みに緑がかったチタケと大きな白いシロハツが隠れていた。獣道に続々と顔を出したヤマドリダケ、ぬめりのある小さなオウギタケ、アンズタケ、ニシキタケ。苔の合間にちょこんと座っているショウゲンジとアイタケ。

押し黙った私たちは、心のなかで歓喜の悲鳴を上げていた。母は汗に曇ったメガネを外してポケットにしまった。森外れの草原には白いマッシュルームが、軽やかなベールのスカートを巻いた太い柄の上に大きく立派なカサを載せていた。キノコの神は私たちを愛でた。籠にキノコが山積みとなった。

森外れの朝の日だまりに腰を下ろして、ひと休みした。このとき母が取り出したサンドイッチは、この世の何よりも美味しかった。それに、この世でもっとも美しい朝。苔が香り、籠のキノコが香り、木の幹が香り、空では太陽が黄金の髪をゆっくりと少しずつ梳《と》かしていた。

「キノコの見分け方をどのように教えてくれたのか、覚えていないわ」私は母に言った。

「生死を分けるキノコの見分け方のこと？」

「そう、食用キノコと毒キノコのこと。どうだったのか思い出せないの」

「一緒に歩いたのよ、それで実物を見ながら教えたの。どうやってか、私も覚えていないわね」

「今はわかっている。歩いて採ればわかる」

「自信過剰になっちゃだめ。いつも気をつけるのよ」

「知らないキノコは採らないもの」

「知らないって、どうしてわかるの?」母が尋ねた。

「なぜかはわからない。でも、ただ知っている。教えてくれたじゃないの」

サンドイッチを食べ終わると、私たちはまた押し黙った。野原を抜けて、菩提樹の茂る森に出た。木々の葉は早くも紅葉をはじめ、大きな菩提樹の老木は乾いた花の実を散らしていた。そんなところにキノコがあるはずはなかった。

ところが、落ち葉の間に、赤みがかった柄に灰色のカサが見えた。ヤマドリダケのようでもあるけれど、色に見覚えがないし、カサの下は黄色い隙間のヒダがタワシ状をしていた。

私は知らないキノコに戸惑い、立ち止まった。母は興味深そうに眺めていた。

「これを知っている?」私が尋ねた。

「知らないわね」母はそう言いながら、キノコを切り取って籠に入れた。

「だったら、どうして採るの?」

「試してみるのよ」母は答えた。

帰り道、日光が消え小雨となった。山盛りの籠を手に、ぐっしょりと雨に濡れて帰宅した。

菩提樹のきれいな林で見つけたキノコを、私はてっきり母がよく見直してから捨てるものと思っていた。ところが、母はそれをきれいに洗って、ほかのキノコと分けて並べ出した。内心、私は嫌な予感がした。ここ半年ほど忘れていた恐怖が蘇った。

「まさか、ママが試すんじゃないでしょうね」それとなく聞いた。

ガスレンジの上で鍋が煮たち、フライパンが熱せられていた。

「可能性は二つだけ。これを食べたら死ぬか、死なないか」

母はそう言いながら、引き込まれそうな妙な目つきをした。

「死ぬのが怖くないの？」私は怖くなって聞いた。

「怖くないわね。そもそも死ぬかどうかわからないじゃない」

母はきっぱりと言うと、ヤマドリダケやアンズタケの汚れを取り除き続けた。

私は、憎らしいほど色鮮やかな偽物のキノコをどうにかして取り上げて、ゴミの山に放り投げるか庭に埋めてしまいたかった。

ところが、その夜、母はそれを煮て食べてしまった。

「ほら、食べても生きているわ」

朝になってコーヒーのマグカップを持っていくと、母はさらりと言った。

私は母のベッドの端に腰掛けて、起きがけのタバコをくゆらす母を見つめながら、実際に起こったことを考えた。命をもてあそんでいるのか、それとも母は、自分が知らない訳を知ろうとした、世界でもっとも勇敢な女性なのか？　私は毛布に覆われた母の両足を抱きしめて、自分の顔を押しつけた。そのまま、しばらく座っていた。

――◇――◇――

救急センターでの代わり映えのしない日々が、コマネズミの車輪のごとく再開した。暑い夏はその成果をもたらした。女たちが引きも切らず押しかけてきた。その多くは、胎内に宿した果実から解放されることを願っていた。それを実行する可能性を剝奪した「追放」に、私は感謝した。私はただ事実を確認するのみで、目にしたことを女たちに説明はしなかった――胎児が母の子宮からかき出されないために、器具をよけ回っていることを。しかも、かき出そうしているのは二人の女性――母親自身と私だということを。そして、大部分の男たちは、それは女の問題で、女の世界のことだとして関知せず、知ろうともしないことを。

生と死が絶えず薬剤で揺れ動く秤にかけられ、かろうじて平衡を保ちながら、それがどっちに傾くか決してわからない女の世界。

それでも生の側に傾いて、まん丸ほっぺの新生児を抱いて見せに来る女性たちと、私は喜びをともにしようと試みていた。出産した女性たちは、生きざるをえない大きな檻の巣に我が子を入れる。その檻のなかで生きさせる。檻のなかの私たちは、地獄と寄生虫をよそに、聖母が授けた生――神のいない生を生きていた。

あの女性のことを、私はよく考えた。祈祷書を読み上げていた女性を。始終考えていたせいか、とうとう彼女がやって来た。

私が予見したとおり、彼女の右胸は切除されていた。ところが、彼女自身は生きる力にみなぎっていた。町の医者によれば、もう心配はいらない、病原は除去され、今のところ彼女の身体にどこも悪いところはない、とのことだった。

いつ教会に行っても誰もいなかった、と私は言った。

「それはそうです。私以外、あそこに行く人はいません」これからまた通う、前より足繁く、と彼女は言った。悪性が終わったことを聖母に感謝するために。「癒やし人を生みし人」に治されたことを。

彼女は小さなカードを私に置いていった。そこに、彼女が祈りを捧げているときにに見たイコンと同じ絵があった。頭の背後に円形の光輪がある聖母が子どもを抱いている。それと細長い蝋燭も――寂しくなったら灯すようにと。

女は診察室を出ようとして、振り返って尋ねた――どうやって彼女の病気がわかったのか。

「経験値で。医者としての経験から」

「いいえ、違います。私にはわかります。先生には、もっと多くが見えています」

彼女は別れを告げて出ていった。

空気を入れ替えようとして私は窓を開けた。九月の風が黄色い木の葉を巻き上げながら室内に舞い込み、机上の紙をまき散らした。聖母の絵が床に逆さまに落ちた。裏側にロシア語が書いてあった――あなたに似ている《パホージャ　ナ　ヴァス》。

◆ ◆

新学年度は、いつもと同じようにビーツとニンジン畑からはじまった。秋雨が降り続き、私たちは箱に腰掛けてずぶ濡れとなったまま、ビーツやニンジンの根をそぎ落としていた。果てしない根菜の山を前に、私は内心で自分に誓っていた――もう二度と、ずぶ濡れで箱に座って、汚れた冷たい手袋をはめてビーツの根をそぎたくない。絶対にそうしないためなら、どんなことでもしよう。昼食が無償で配膳されようが、たとえどんなによいお駄賃だろうが。一年後には共産主義青年同盟に入るのだ。そして、夏には町の高校に入る。新しい時代のはじまりだ。

集団農場の作業は長引き、一〇月になってやっと授業が再開した。ジメジメとした畑を出て明るくて暖かな教室に移動してから、学校のリズムに慣れるのに少なくとも一週間はかかった。ジャンバーとセーター、ゴム長靴が学校の制服に代わった。大鍋のシチューとお茶とパンが運ばれて、アルミのスプーンと椀が配られて、ニンジンとビーツの上でガツガツと食べた畑の昼食は、学校の給食室に戻った。

「もう奴隷みたいに働かなくていいのよ。町の学校は全然違うのだから」ある夜、母が言った。

母の声に、別れを惜しむ悲痛な響きがあった。ここにいた年月の間ずっと、私が骨にまで染みるほど知りつくしていた辛さだ。追放(＊1)の暮らしは、私と母の距離を近くしていた。

学校の演劇サークルで、アンナ・サクセの『花物語』を上演することになった。ジャスミンの花の役を演じることになった私は、夜、家で母と役割を分担して、物語を結末まで読み上げながら練習をした。

母は芸術家の役となった。さまざまな色を所有している芸術家は、ジャスミンをひざまずかせて、色をくださいと言わせたい。ところが、ジャスミン役の私は誇り高く、人に頭を垂れることができない。

「美しい話ね」母が言った。「生きていると、よくひれ伏すものよ」

私はジャスミン役が気に入った。ひれ伏して懇願などするものか。絵の具を顔にはねつけられようとも、直立するか折れるかのどちらかだ。私はその役を立派に演じきった。古シーツでつくった白い衣装に身を包み、学校の音楽室の小舞台の階段に立って、芸術家に黄色い色をはねつけられてもひるまなかった。実際のところ、ひと筋の絵の具にぴしゃりと顔を叩かれて、場内に笑いが巻き起こった。私は直立不動のまま、笑った顔を見返した。笑いが消えて静まりかえったところに、ナレーターの声がした。

「彼女をひざまずかせてごらん。きっと折れます」

芝居の上演後、すぐに私たちは虚構から恐ろしい現実に引き戻された。一一月一〇日、ブ

（＊1）（一九〇五〜一九八一）ラトヴィアの作家。『花物語（Pasakas par ziediem）』（一九六六年）はその代表作とされる短編集。

レジネフが死んだのだ。不死身だと思われていたのに。普段から式典に使われていた学校の体育館にブレジネフの大きな顔写真が掲げられ、喪章の黒いリボンがかけられた。

一つの疑問が沸き起こった――これからどうなるのか? 戦争がはじまるにちがいない――誰もがそう信じて疑わなかった。

葬儀当日は休校となって、自宅で葬儀のテレビ中継を見なくてはいけなかった。その一部始終を馬鹿げているとしてまともに受けとろうとしない母は、ワインのボトルを数本買い込んで自室にこもった。

私は迫り来る戦争の恐怖におののきながら、居間のテレビの前に陣取り、モスクワのクレムリンの壁の前に軍隊と政府高官が集まる様子を見つめていた。葬儀の曲が流れるなか、ブレジネフの棺が墓穴に投げ込まれたとき、その音のあまりの凄まじさにびっくりした。画面に映らなくとも、音からしてかなりの確率で遺体は棺から逆さまに転がり出し、墓穴の底にうつ伏せに落ちたにちがいない。想像しただけでぞっとした。これからどうなるのか?

ブレジネフの葬儀後、学校では誰もが言葉少なだった。ただならぬ空気が漂った。近く戦争がはじまるだろう。たぶん、核戦争となってヒロシマやナガサキのようになり、私たちはみんな死ぬ。川も木も野原も動物も森も死ぬ。

母は毎晩飲み続けた。ブレジネフの葬儀から三日後の一一月一八日(＊2)、母は部屋に蝋燭を灯した。机の上にウラギクの花で三段の縞をつくっていた——二本の赤色の間に一本の白色を置いて。なんのことか私にはわからなかった。母は黒く大きい眼を見開き、奇妙なことばかりをした。母と部屋にいるのが怖くなった私は、時折ドアを開けて覗いては、母が大丈夫かどうかを確かめた。

「奇跡が起きるかもしれない、今度こそ奇跡が起きるかも」母はぶつぶつと言った。

「ママ、しっかりしてよ。なんの奇跡なの？」私は母の肩を揺らした。

「これから起きるのは奇跡じゃなくて戦争だよ。ママ、戦争だよ、核戦争になるかもしれない。みんな死んじゃうよ」

私はほとんど泣き叫んでいた。戦争が怖かったし、母のことも再び怖くなった。

「ラトヴィアに崇高なる幸あれ！」

母は二本目のボトルを空けて、酔っていた。私は母をベッドに横たわらせて毛布をかけ、部屋中を調べ、母のバッグのなかも慌ただしく探った。ゴミ箱を逆さにして、そこに入って

(＊2)　一九一八年にラトヴィア共和国が建国された日。

いた薬剤を逐一確かめ、ワインの残りを捨てた。

一晩中、私は母のベッドの横に座ったまま、何度も母の額に触れて脈を確かめた。強く高鳴ったり、ほんのかすかに聞こえたりもした。

重苦しい息は寝言に遮られた。ワインの酔いが回り、薬にまかせた眠りのなかで母がつぶやいた。「奇跡が起きる、自由になる、赤白赤にはためく三色旗、神はすべてを称える、ラトヴィアは永遠だ」

再び重く息をして、また叫んだ。「壊れる、壊れる、壊れる！」そして、再び息をした。

私は母の隣に横になり、ぴっちりと身体を押しつけて、全身を震わせていた。母の脈拍が遅くなったら、隣の家に走っていって救急車を呼んでもらおう。

母の呼吸は次第に穏やかになった。その額に浮かび上がる汗を私は拭きとった。机の上に燃えていた蝋燭の匂いが、ウラギクの香りと入り混じった。窓を開けると、部屋は一一月のしっとりとした空気に満たされた。


——◇——◇——

戦争にはならなかった。日々はゆっくりと、徐々に私の首を絞めていた。すぐ、もうすぐ、ここにたった一人ぼっちとなる。秋が冬に変わり、冬が春に、春が夏になると、娘は出ていく。今でさえ人生の気球船はかろうじて宙に浮いているというのに、ますます萎んでいく。私の帆の進路は縮み、ほんのちっぽけで、短く細くなる。家から救急センターへ、救急センターから家への道も、むち打たれた犬のようにしょぼしょぼと縮んでいく。奇跡は起こらず、何も変わらない。

私はますます自分にむち打って、患者の診察にあたるようになった。患者の体を見透かせるような感覚が極まってきて、一見するだけでほぼ診断ができた。その多くが所見のとおりだったことから、魔術師の医者を求めて患者が押し寄せてきた。

ある日、魔術を試される機会がやって来た。神の悪ふざけなのか、それとも偶然の手違いなのか。朝、患者が列をなす廊下を行くとき、私はすぐにその女性に気がついた。どこにも空席はなかったというのに、その女性の隣だけは空いていた。誰もが、その隣に座ることを避けていたのだ。女性でも男性でもない顔が目に入った。手袋を外した両手は膝の上で組み合わされていた。そのいやに大きい手のひらと太い指。とても女性の手ではない。

診察室におどおどと入ってきた彼女は、意外なほど小柄だった。どうりで、手のひらが極端に大きく見えたのだ。どこが悪いのか。診察のために服を脱ぐように——私は指示した。

「本当に診てくれますか?」彼女は信じられないという顔をして尋ねた。低くこもった声だった。

「あちこちで何度も診察を断られてきました。でも、自分の正体を知りたいんです」

彼女は目に涙をあふれさせていた。

「安心してください」私はコップ一杯の水を差し出した。「大丈夫です。お名前は?」

「変な名前です、イェセと言います。孤児院の、育ての母がつけてくれました。名前のせいで嫌な目にあってばかり。清掃員をしています」

彼女が厚ぼったい服からゆっくりと身体を抜き出す様子を、私は手を洗いながら見つめていた。彼女は話を続けていた。どうやら信頼を得たようだ。

「大きくなったとき、孤児院の育ての母に紙切れを見せられました——私の体に巻きつけてあった紙だと。そこに『この贈り物がほしくない』と書いてありました。自分の名前の由来はそのときに知りました。イェセとは、贈り物という意味だと」

服を脱いだ彼女は身の置き場がないかのように、大きな両手で恥部《ちぶ》を隠そうとした。

私の目の前に、神による呪わしい悪ふざけがあった。小柄な男性のような身体に女性の股。

乳房の部位には蓄さえなく、まるで男の胸をしていた。

私は彼女を診察した。

服をつけると、彼女は感謝に満ちた目を私に向けた。

「あなたの外観は部分的に女ですが、内部は部分的に男です」思いきって言った私を、彼女は恐怖の目で見つめ返した。患者に重病や不妊を告げたときの、あの目つきと同じだった。そして、涙をあふれさせ、さめざめと泣き出して繰り返した。「いいえ、私は女です、私は女、女です……」

そして、やや落ち着いてから尋ねた――「私から男の部分を切り除けませんか？」

「それはできません」私は言った。「ほかのことならやってみることはできますが、残念ながらそれは私にはできません」

「受け入れてくださってありがとう」イェセはそう言って診察室を出ていった。

私はそこに座ったまま、イェセと同じようにキツネにつままれたような気がした。私の両手は追放によって束縛されていた。何より、今こそ神に真剣勝負を挑もうというときに、それができなかった。

レニングラードの研究所の門戸は閉ざされていた。あそこならホルモンセラピー研究の最新の成果があり、かなりの確率で、イェセに女性らしい幸せを求める道を与えられるはずだ。妊娠は無理にしても、乳房を膨らませるとか、科学的になんらかの奇跡を起こすことはできたはずだ。

すべてが円を描いていた。雪に覆われたネヴァ河に架かる橋、イェセから生まれたバラ園の歌、「神の耳」で酔っ払いに投げかけた無邪気な質問——イェセは単に男だったの？

今にも頭が壊れそうだった。じたばたするだけで、何もできない恨めしい檻。窓を開けると、ちょうど帰りがけのイェセの背が見えた。救いの手を差し伸べられなかった神の贈り物は、ふいに立ち止まって振り返り、片方の手袋を外して私に手を振った。それから、大きな二本の指を宙に突き立てた。さようなら、イェセ、でも違うわ、私たちに勝利はない。

——◆——◆——

戦争ははじまらず、徐々にいつもの暮らしに戻った。私は一四歳、共産主義青年同盟に入れる年齢となった。加盟の条件は規則を暗記することだった。文学の教師（＊1）は、加盟のついでに、その年の一一月に亡くなった詩人オヤールス・ヴァーツィエティスに敬意を表して、「ネクタイをゆるめて」の詩を暗唱してみてはどうかと提案した。

私は図書館でその詩人の詩集を何冊も借りて、読みふけった。これほどさまざまに違った詩が、一人の人間に書けるとはなんて不思議だろう。ネクタイの詩でない、別の詩が気に入った——ぼくはひりひりする、ひりひりするような予感がする、ぼくの住むこの世界は、君のよりずっと先に壊されそうで。共産主義青年同盟にふさわしい詩ではなかった。それで、先生の言うとおりにネクタイの詩のほうを暗唱したおかげで、私は共産主義青年同盟のバッジとカードを手にした。

その学年度の冬は短く感じられた。二月になると、いつになく暖かい陽差しだった。三月八日のコンサートに向けて、私たちは春を待ちわびて歌った。

贈り物か、奇跡か、熱い香りが漂い、
地面の小さな心のまわりで氷がとける……

(＊1) (一九三三～一九八三) ラトヴィアの詩人。

心はいつになく喜びであふれた。冬の陽差しながら、太陽は残雪と氷柱を解かした。沈黙していた鳥のさえずりが響きわたった。すべてが春に向かって解けていた。これから春休みが来て、そして最終幕が過ぎれば義務教育は終わる。ビーツとキュウリとニンジンの畝のない初めての夏となる。そして、秋が来て町に行けば、学校も同級生も変わる。

夜になると、母が私の部屋に入ってくるようになった。私から母の部屋に行くこともあった。二人でベッドに寝転がったり、黙ったまま、時にはぽつりぽつりと会話を差し挟みながら夕食をとったりした。犬はひとりぼっちを嫌って、部屋から部屋へと行き来していた。

「そのうち、一人で暮らす術《すべ》を身につけなくちゃ。二人暮らしが当たり前になっていたから」

ある夜、母が言った。

「私も」

私たちには、片田舎のささやかな暮らしがあった。どこか別の場所には別の暮らしがあった。けれど、私たちには私たちの暮らしがあった。

母の部屋は、よく一晩中明りがつけっぱなしだった。私はよく寝付けない夜更けに、母が部屋と台所を行き来してコーヒーを沸かす音を耳にした。母は一睡もしていないのではないか、という気もした。

母のベッドの周囲は、読みかけの百科事典や本で埋め尽くされていた。書きかけの図のほとんどが、私にはさっぱりわからなかった。いくらか理解できたのは、医療器具と女性の身体の窪みくらいだ。それが私には怖かった。母には言っていないが、学校で受けた初めての婦人科検診は苦痛だった。あのとき、私はもちろん母を思い出していた。救急センターで母が毎日こんなことをしているかと思うと、どうしてその仕事を選んだのだろうと思った。すると、どこからかささやき声がした――なぞなぞだよ、あててごらん。でも、どう頭をひねっても理解できなかった。

ある夜、母が眠り込んだのを見計らって私は母の部屋に入った。明かりはつきっぱなしだった。私はコーヒーカップを片づけ、リンゴの芯とパン屑を集めた――リンゴとライ麦パンは母の大好物だったのだ。

ランプの明かりを消した。窓は半開だった。母はいつも、そうしてタバコの煙が充満した部屋をいくらか換気しようとしていた。鮮やかな香しい夜が部屋に入ってきた。

月明かりに照らし出された母は、顔を窓に向けて寝ていた。穏やかな眠りだ。私は母に向かって小さな丸椅子に腰掛け、その顔を見つめた。私と同じそばかすだらけの顔。そばかすは冬の間にかすんでいたとはいえ、それでもまだよく見える。近頃は、広い額に細い皺ができていた。母は私の額に手をあてて言ったものだ——驚いたとき、額に皺を寄せないで——けれど、母も同じことをしていたのだ。

母の鼻は細く平たく、小さな瘤があった。眉毛と睫毛は焦げ茶色。小さい耳は寝そべっていて、耳たぶも小さい。眠りながら時々口を開けて、静かな寝息を立てていた。顔は美しくさえあった。この顔にしばしば潜んでいた恐怖は、この部屋を後にしていた。あるのは、ただ静けさ、透けるような夜の空気、月明かり、そして母の顔。

しばらくそこに腰掛けてから、私は自室に戻った。なかなか寝つけなかったのに、眠ると夢を見た。私は古い洋服ダンスの大きな楕円形をした鏡の前に立っていた。全身が見えるはずの鏡なのに、上半身しか映っていない。両手を胸の上に組んだ私は、鏡に映る自分を見てまるで祖母だと思った。私は祖母の顔をしていた——際だった頬骨、盛り上がった大きな鼻、灰色の目と広い額。それが自分ではないと知りながら、私は自分を見つめていた。

すると、鏡に映る姿が変わり、そこに母そっくりの自分がいた。目を閉じた穏やかな眠り顔の母。それが自分ではないと知りながら、私は自分を見つめていた。すると、自分が見えた。夢でよくあるように、絵に描いたようにほんのり輝く肌は、やっぱり自分だった。

朝が来て、いつものようにコーヒーを入れて母の部屋に持っていった。母はすでに起きていて、化粧台の前に座ってヒビ割れた四角い鏡の前で髪を梳《と》かしていた。

「貸して、手伝ってあげる」母の背後から私は言った。母の頭髪はいつも絡まっていて、それをなでつけてゴムで結わえていた。

「よく梳かさなくちゃ」私は後ろ髪をほどきにかかった。

母はなされるがままタバコを吸い、コーヒーをすすった。

「きれいな夢を見たの。鏡のなかの自分が、はじめはおばあちゃんのように見えて、次にママ、それから自分に変わった。ママは目をつぶって寝ていたみたい」

母はタバコとカップを化粧台に置くと、私の両手をとって自分の顔に押しつけた。それから私の両手にキスをして、そっと繰り返した。

「しっかり目を見開いているのよ、しっかり目を見開いて」

――◇――◇――

二人にはもう何年も会っていなかった。

「次はリガに一緒に行こう」春休みになって娘にせがまれた。でなければ、母も義父も、私が二度と会おうとしていないと思うだろうと。娘が再び同居することの相談もあるだろう。

「そうね、行けなくはないわ」

出掛ける理由はそろっていた。隣人に犬の餌やりを頼めば、それで事はすんだ。

列車に乗ろうと家を出た朝は、まだ三月だというのに晴れわたって暖かかった。私たちは手をつないで歩いた。娘と一緒に歩くとき、いつも娘に導かれているような気がした。娘はとても嬉しそうに、まるで踊るように足早に歩いていた。

同じくらい嬉しそうな三月、雪解け水が小川となって路上を流れ、日陰はまだ雪の塊に覆われていた。長いこと何年も引き延ばされた冬を越して、すっかり忘れていた道を進んでいるような気がした。

小さい辺ぴな鉄道駅、ストーブの火がチラチラと燃えていた。どこかの夜遊び人が、木製ベンチの上でぼろ切れのようにうたた寝をしていた。娘が切符売り場の小窓を叩いた。売り子はぶ厚いカーテンの布をめくって、売り場の機械で二枚の切符を打ち出した。

「ママ、こっちだよ。列車はプラットフォームの最後尾で待つのが一番いいの」

リガに行く人はまばらだった。それでも娘の儀式に則って、私たちはプラットフォームの最後尾に向かった。プラットフォームの先で、線路の片側は野原に、もう一方は森の合間に遠くへ消えていた。春めいた朝靄のなかに、列車が現れてくるはずだ。数年を経てかつて追い出された町へ、列車はあれほどひどく苦しめた母と義父のもとへ私を運ぼうとしていた。

「ママ、見て、先頭のオレンジ色！」

遠くで列車が汽笛を鳴らし、私たちをこの崖縁から連れ出そうとして近づいていた。のろのろと進む。窓の外を駅が次々にぽつりぽつりと過ぎてゆき、そしてユダヤ人が銃殺されたルンブラの森（＊1）となった。

学生時代、ルンブラのどこかの庭で開いた飲み会の記憶が蘇った。あのとき、私は強い安酒を飲みすぎて、どこかに腰掛ける場所を探していた。一時しのぎの柵は庭を囲み、奇妙な柱で支えられていた。さほど大きくなく、苔に覆われた先端に十字が刻まれていた。

ソ連人のすすけた食卓に並ぶキャベツ、ビーツ、ジャガイモは、銃殺されて穴に投げ込まれた人々を肥やしとする土地に青々と生えるのだ。食卓は満ち足りているだろう。死者は沈黙するがいい、彼らに乾杯だ。オモイデニカンパイ！

のろのろと進む。列車はシュキロータヴァ駅に入った。私が娘と追放地に発ったときから、

（＊1）　一九四一年一一月三〇日から一二月八日までの間に、ナチ占領下でユダヤ人約二万五〇〇〇人が虐殺された場所。

何一つ変わっていない。人々はそのままの世界に暮らしていた――同じ間取り、同じ食器セット、同じ低いテーブル、同じアパートに、ドアの外側に同じ足拭きマットを敷いて。

彼らを非難する余地はない。ラトヴィア語で「仕分け場」を意味するここシュキロータヴァで、彼らはもう仕分けられることはない。妻から夫が、夫から妻が、親から子が、孫から祖父母が。かつては仕分けられて引き離され、ここから遠く、ずっと遠くの広大なソ連の凍土へ運ばれて二〇世紀の奴隷となり、その多くが凍えて飢え死にし、広大な祖国の実り豊かな土の肥やしとなった。

のろのろと進む。この駅で、一人引き離された父を思った。母の手を最後に握った父の手は銃口で叩かれた。母の手にもあたった。二度と握られなかった二人の手を思った。

のろのろと進む。私は自分の娘を見た。若々しく幸せそうな顔と顎は、窓枠に寄りかかっていた。娘は、私とともに愛する家族を訪ねようとしている。窓の外に太陽が輝き、すべてはこれからだ。背後に残っているのは、残されるべきものだけだ。

私たちはリガ駅で降りた。四番ホームの一番線。

「ママ、三番のトロリーバスに乗らないで歩いていこうよ」娘が言った。「こんなにいい天気だし、何年かぶりだよね。リガはきれいだわ」

そのとおり、三月の陽差しに町は美しく映えていた。路上はまだ濡れて、泥混じりの残雪が山になっていたけれど。

クリシュヤーニス・バロンス通りを渡って、ヴェールマネ庭園でひと休みとした。私は一服し、娘はリガサーカスのそばの食料品店で買ったアイスクリームを食べた。道行く人々は着飾っているように見えた。太陽に照らされて、うれしそうな色に。

「ここからキロフ通りを行こう」娘が言った。

「キロフはエリザベテと結婚した」私は笑った。

「以前はエリザベテ通りだったのよ」と私が言うと、

「いいわ、エリザベテをとおって、ゴーリキーと結婚したヴァルデマールスまでね」と、娘が嬉々として言った。

「一四歳にしては賢いのね」娘の喜びが私に伝ってきた。

スポーツ通りの角にあるチョコレート屋「ライマ」で手土産を買った。棚に、マジパン（アーモンドと砂糖で固めた菓子）の人形が並んでいた。高価な品だ。

「マジパンのフクロウを買ってくれる？」娘が遠慮がちに言った。

「今日はなんでもいいよ。マジパンのフクロウも」

私たちは手をつないで進んだ。娘は喜び勇んでいた。アムトマニス・ブリエディーティスはザウベと結婚し、ニータウレは生涯独身で、ミチュリンはトムソンと結婚……娘が次々に通り名を挙げていった。

私たちの住んでいた路地は変わっていなかった。片側に高等専門学校の新しい校舎、盲目者専用の図書館、平和な独立期（一九一八～一九三九年のラトヴィア共和国時代）に建てられた住宅群、そしてその反対側にある保育園。

アパートで母と義父に出迎えられた。二人は目に涙を浮かべながら、娘と互いに抱擁しあった。昼食が用意される間、私は自分の部屋に入った。陽当たりのよい整理の行き届いた室内に、私の書籍は本棚にきれいに並べられ、机の上には花瓶にチューリップ、娘の本と記念の品々があり、ベッドには母が刺繍した花模様のカバーが裾の襞《ひだ》を垂らしていた。もうすぐ、ここで娘が生活をはじめる。

落ち着いた和やかな昼食だった。娘が学校の話をした——化学と文学の成績が抜群だと。母と義父は愛情のこもった眼差しを私に投げかけた。私はこの美しいテーブルについていた。三人に愛されていた。それなのに、そこに私の存在はなかった。

昼食後、私は外に出て、かつての病院への通勤路を歩いた。その道を、救急車が突進していった。誰かを救うべくして運んでいる。命を保つために救う――ここで、この町で、この道で、この家で、この檻で。命はすべてを超越していた。聖母が授けたものは、地獄と寄生虫が奪ったものを超越していた。

病院に向かう道すがら、小さい公園の前で歩みを止めた。そこで、かつて幼い私を母がブランコに乗せてくれた。近くの工場から、ホップとチョコレートの香りが入り混じって漂ってきた。

午後の早い時間、公園は解けかけの雪だらけで、人影はなかった。小太りの鳩が小径をトコトコと歩き、日向ではスズメが飛び跳ねていた。古いブランコが以前と同じ場所にあった。私はブランコに座り、土混じりの雪を蹴った。少し揺らした。そして高く、もっと高く。頭上に空の青い天蓋、足下に悔恨が寄り集まる土地。その間を揺れる私は、息が詰まりそうだった。私を救うために母に隠されたスーツケースの、あの小穴を通じて息をしたときのように。

◆

◆

その夜、母は帰ってこなかった。夜更け近くに駅から電話をかけてきた。「心配しないで。泊まらないで戻ることにしただけ」それがどれほど祖父母を傷つけたかを、私は目のあたりにした。

その夜も、祖母はいつものように私のために風呂を湧かしてくれた。この世で私が一番好きな感覚は、温かい風呂につかりながら祖父母の部屋にあるテレビの音を聞くことだった。その夜、二人はテレビをつけなかった。部屋はつかの間の静けさだった。この慣れない静かさを避けるように、浴槽に背中から身を沈ませて私は寝そべった。

しばらくして、祖母の声が聞こえてきた。「私たちは彼女をなくした。どうなるのかしら、これからどうなってしまうの」

しくしくと泣き出した祖母を、義祖父がなだめていた。「肝心なのは、おチビさんがしっかりしていることだよ。ここ数年間、ずっと不安と恐怖続きだった」義祖父はそう言っていた。

「何が悪かったというの。いったい何が」嗚咽しながら祖母が繰り返した。

「惜しみない愛情を注いできたというのに。バビーテから戻ってきたとき、ここの窓は割れていた。寒くて食べ物もなかった。アフリカ産の毛皮のコートを市場で交換して、乾燥した甜菜《てんさい》のひと袋を手に入れた。あれを噛むと顎がヒリヒリと痛んだ。ほかに食べるものはなかった。でも、甜菜のおかげで母乳はよく出た。三歳まで授乳したわ。健康優良児だった。一体何があったというの？」

浴槽にいる私に祖母の号泣が届いた。その直後、風呂のドアを祖母が開けた。

「おチビさん、背中を流してあげる」祖母は目を赤く腫らしていた。祖母は南国で手に入れて、早くも使い古した海綿スポンジに石けんをつけて、私の背中をやさしくこすってくれた。

「まるでダルシマー(＊1)だわ。おチビさんはまるでダルシマーみたいにしなやかね」祖母がやわらかい声で言った。

母に背中を洗ってもらったことがあっただろうか。田舎の家に風呂はなかったし、そもそも風呂は町にしかない贅沢だった。背中に触れてくれる祖母の手も。

寝る前に、私はお気に入りの写真アルバムを持ってベッドに入った。祖母は、アルバムを母の戸棚の一番下段に並べていた。そこに、義祖父と祖母それぞれの若かりし日のアルバム、映画スターのアルバム、母の幼少期からのアルバムがあった。母の若いときのアルバムには、

（＊1）台形の箱のなかに弦を張り、小ハンマーで打弦して鳴らす楽器。

最初のページに青インクの書き込みがあった——変わりゆく者よ、明晰になれ！

表紙が布張りのぶ厚いアルバムは、母が一五歳になったときの誕生日プレゼントだ。そこに、私が生まれる前の母が生きていた。

白いチュールのワンピース姿は、まるで小さなバレリーナ。髪を二本のおさげにして、白樺の横や干し草の山の上、またはジャガイモ畑で土まみれの姿。髪から水が滴り、びしょ濡れのスイマー。「私たちは平和のため、世界平和を保つため」というスターリンの言葉を掲げた文字の下で、ロシアの民族ダンスを踊って両手を広げている。あるいは、白襟の黒い制服をつけた模範生となって、左手に十字の印を持っている。あるいは、パレードの参加者としてパリッとノリのきいたスカーフを頭につけ、義父を手伝って五月一日のデモ行進の旗を支えていた。

アルバムのなかの少女は成長して、私の年頃となった。短髪にズボンをはき、黒いサングラスをかけている。川岸に立って釣り竿を投げている。釣り竿は途切れ、川の向こうに白黒の虹をかけているようだ。

ボートのモーター側の端に立つ姿は、まるで世界が自分のものと言わんばかりに宙に両手を広げて幸せそうだった。この世のあらぬかぎり、最大限に幸せだというように。大きな石によじ登ったときも、同じポーズをとっていた。海岸での写真。そこでは膝丈のワンピースを着て、髪は太いリボンで結び、サングラスをかけて目を細めている。

アルバム最後の写真は有刺鉄線のところのもので、誰かに何枚も撮ってもらっていた。そこに、ラトヴィア語とロシア語の文字があった――「鉄線を越えるな――命の危険」。彼女は文字の向こう側に立っていた。写真自体は快活だ。始まりも終わりもない海岸、白い砂浜、風になびく髪、柄模様のワンピース。

◇　◇

春休みの長い昼と夜、私は娘がいなくなったときの新しい生活に向けて備えた。できるだけ長く救急センターにいるようにして、患者に力を絞り取られるがままとなった。患者の名前を取り違え、姓を忘れ、診察の摩天楼に溺れた。夜、目を閉じると女性の股間が脳裏に浮かんだ。医学への熱意は恨めしくも退屈な日常と成り果て、どこにも出口がなかった。患者に寄り添う気持ちを失い、重病患者にも手を差し伸べず適当にあしらって、大きな病院に行くようにすすめた。ところが女性たちは、私以外の医者にかかりたくないと言って舞い戻ってきた。

イェセも――哀れなイェセは救急センターの清掃員となった。

「なんてすてき！　これからおそばで働けるんです」

廊下ですれちがいざまに彼女が言った。

毎朝、毎晩、私が生きて働いている檻のなかで、イェセこそが生きた証だった。イェセを女性のほうに近づけられるはずのホルモンについて、私の頭のなかにはすでにいくつもの数式が組み立てられてあった。それなのに、私とイェセの置かれた現状では、それは明らかに手が届かなかった。私は臨床の現場に、イェセは清掃の仕事場にと、それぞれの可能性の範囲がかぎられていた。私が研究者になれたはずの、そしてイェセがたとえ部分的にでも女性になれたはずの自由は、その外側にしかなかった――私とイェセが、それぞれ不自由にがんじがらめにされていた傍らに。

娘のいない孤独な夜をしのぎ、職場での長い一日を終えると、私はイェセを誘って川まで行き、患者から差し入れられた酒の瓶を開けた。

川は早くも春に向かっていて、冬の漂流物を岸に打ち上げていた。新たな命となって息を吹き返し、空と水の輝きとともに澄んでゆるやかに流れようとしていた。

私たちは川岸に腰を下ろしてくつろいだ。

「石のように凝り固まっていた私の心が、血の通った肉体になった」イェセが言った。

彼女の声以外に、川岸にいる私たちの夜に音はなかった。二人きりの静けさは、宙を羽ばたく羽音に遮られた。眼の前で、川の水に洗われた切り株に鳩が舞い降りた。そこに座って首を回し、穏やかに私たちを見た。怖がることなく、飛び去らなかった奇妙な鳥が加わって、私たちは三人となった。


―――◆―――◆―――


春休みが終わると、時はあっという間に過ぎた。体育館を会場にした文学の試験で、私は自分の作文に加えて、好きな男の子の作文まで書いた。彼は外国の映画俳優に似ていて、クラスで一番背が低く、学校一の「悪」として誰よりも目立っていた。父親がもっているコーヒー色の新型ジグリを運転するし、お金も持っていて、私にバナナを買ってくれた。それは、私が生まれて初めて食べたバナナだった。どうやら私は、彼に好かれていたらしい。

六月の卒業式が迫っていた。祖母が白いレースのブラウスと幅の広いベルトに襞飾りのある黒いスカート、それに紫色のバレエシューズを買ってくれた。彼とダンスをするとき、私のほうが背が高くなってはいけないと思って、私はまさにヒールのない靴が欲しかった。

まるで目を覚ましたかのように、母も手持ちの小箱から深紅のベルベットの蝶ネクタイを取り出した。蝶ネクタイは男子のものだと思っていたのに、母は卒業式のための、特別にエレガントな装いだと言い張った。そして、まさにそのとおりとなった。卒業式に蝶ネクタイをつけて出席したのは、私以外には生徒だけでなく教師のなかにもいなかった。注目の的だった。

祖父母がプレゼントと花を手にやって来て、人民会館の会場で母と並んで座った。私は主席で卒業した。式典が終わってから夕方の歓送会までしばらく時間があった。母が祖父母を自宅の庭に招いた。祖父母がその家を訪れるのは、このときが初めてだった。

それまで女性しか見たことがなかった我が家の犬は、庭を歩く義祖父のあとをくっついて離れなかった。私は、祖母を自室に招き入れた。私の机を前に、座って窓の外を見た祖母の目にまた涙があふれかえった。

「やめてよ、今日はお祝いだよ。秋になったら一緒に暮らすんだもの。心配しないで」

母は庭のテーブルにささやかな料理を並べた。リンゴの木がまだ花をつけていて、白い花びらがテーブルの上のレモネードのなかに落ちた。

「ここは、なかなかの暮らしだったわ」母が言った。「これから一人になったら、どうなるかしら」

祖父母はあえて口を出さなかった。

「葬式みたいな挨拶はやめて」私は遮って、母と祖母と義祖父のそれぞれに抱きついて、頬にキスをした。

春だった。恋をしていた私は、歓送会が待ち遠しかった。

「変わりゆく者よ、明晰になれ！」嬉しくて興奮のあまり、母のアルバムの書き込みの言葉が私の口から飛び出した。

母がいやに物憂げな眼を私たちに投げかけた。私ははしゃぎすぎた自分が恥ずかしくなった。

「そろそろ駅に行く時間よ」母が言った。「あなたも駅まで見送りに行ってきてちょうだい。そうしたらすぐにパーティね」

駅へ向かう道すがら、私はぼろぼろと涙を流した。

「どうして私のママはいつも、なんでもかんでもあんなに陰気にするの？　どうして？　ママは絶対に生きていたくない。私の卒業式の日だというのに。きっと私の誕生日も生きていたくないんだよね。忍び寄る死から救ったのに、こんな仕打ちをするなんて」

隣を押し黙って歩く祖父母に私は訴えた。二、三度立ち止まっては溜め息をつく義祖父に代わって、祖母が荷物を持った。

駅での別れ際、私たちは抱きあった。

「おじいちゃんとおばあちゃんは死なないよね?」私は幼いころと同じように尋ねた。

「死なないよ、おチビさん、死んだりしないよ」

その夜は母の顔を見たくなかった。川に立ち寄ってから人民会館に戻ると、薄暗がりのホールでダンスがはじまっていた。

スローダンスになれば、誘いを受けるような気がした。*I just called to say I love you*――テープレコーダーから顔も知らないスティーヴィー・ワンダーの歌が流れ出すと、学校一目立つ悪の少年が、まっ直ぐ私に向かってホールを横切ってきた。

やや身体を離して彼の肩に両手をかけると、おずおずとした彼の手が私の腰に回った。触れ合う心地よさに、二人は身体を徐々に近づけた。*I just called to say how much I care.*

私は、彼より背が高くならないように気を遣った。彼の鼻が私の首に触れた。人民会館の木組みの床が、私の足下で消えていくような気がした。

六月の暖かい夜更けに、私は彼と川に下りていった。彼は平たい小石を拾い集めて、水に投げた。小石は軽やかに水面を跳びはねながら、最後のジャンプをした直後に沈んだ。私の家まで送ってくると、彼は私の頬にキスをして、それから唇で私の固く結んだ唇をとらえた。それは私にとって初めてのキスだった。

私は母を起こさないようにそっとドアを開けた。母の部屋のドアは開いていて、なかは空っぽだった。開いた窓の向こうの外側に、母のくゆらすタバコの火が見えた。母は、食器もレモネードのグラスも片づけないままのテーブルについていた。

「ママ、暗がりに一人で何をしているの」私は庭に出て、母に声をかけた。

「私の娘よ、怖い、怖いのよ」母の声はくぐもっていた。

私の娘――母は今までそんなふうに私を呼んだことはなかった。母が恐怖を口にするのも聞いたことがなかった。

暖かい穏やかな真夜中に、母に対する私の怒りは消えていた。私は、母を強く抱き締めた。

「ママ、大丈夫、怖がらないで。生きるのよ、ママ。生きようとすれば、全部大丈夫。ママ、好きよ」

◇

◇

よく晴れた暖かい夏だった。海辺でひと月暮らそうという母と義父の誘いを断って、娘は八月半ばまで私といることにした。この夏、すべてが別れに向かっていた。犬が死んだ。うっかりどこかに置き忘れたネズミ捕りの毒団子を食べたらしい。ハムスターのベンビィの隣に犬を埋葬すると、庭の一角は動物墓地となった。

引っ越しの荷造りが進んでいる娘の部屋に、私は入っていく気がしなかった。机の上に置かれたスタンド型のカレンダーは、一九八四年夏のページがめくられていた。

イェセはますます頻繁に訪ねてきた。片づけや掃除のほかにあれこれと手伝い、料理もしてくれた。夏の一か月間、救急センターが閉まると、教会の書庫で副業をはじめたイェセは、こっそりと本を持ち出してきた。それらの本が私の眠れない夜を縮めた。公的には読んではいけないとされていた本ばかりだった。イェセによれば、本は表紙が隠され、書名も著者名も見えないようにされて、裁断機にかけやすいように分断されていた。トラックに山積みされて、どこかに運び出された本もあったという。

ある夜、イェセは引きちぎられた本の一部を持ってきた——奇妙な紙と字体が目に留まったのだと言って。わら半紙の印字はあまりに薄く、一見しただけでは判読が難しかったが、それは確かにラトヴィア語だった。

「引きちぎられても、本にちがいない」その発見にイェセは得意げだった。

私はそれを手に取って、何気なくパラパラとめくっていた。すると、ある会話文が眼に飛び込んできて体が震えた。

「神の存在を信じているのかね、ウィンストン？」

「いいえ」

「それならわれわれを打ち破るというその原理とは、いったい何なのだ？」

「分かりません。『人間』の精神です」

「それで、君は自分のことを一人の人間だと思っているのかね？」

「はい」

「君が人間だとしたら、最後の人間になる、ウィンストン（＊1）」

ウィンストンとは誰なのか？　私がレニングラードへ行く前にエンゲルス通りで受けたのとまったく同じ、神の質問を受けているこの人は？

眼が覚めたように、さらにページをめくった。そこにラトヴィア語で書いてあることのすべては、まるでこの狭い部屋のなかで誰かが私の隣にいて、これから起きようとしている私の人生をすでに予見したように話していた。ここで今、檻のなかの日々を私が無為に引き延ばしているのをすでに見ていたかのように。

「われわれは権力の司祭だ」彼は言った──「神は権力なのだが、まだ今のところ、君にとって権力はひとつの言葉に過ぎない。権力が何を意味するか、そろそろ君なりに考えをまとめてもいい頃だろう。最初に認識すべきは、権力が集団を前提とするということだ。個人が個人であることを止めたとき、はじめて権力を持つ。〈自由は隷従なり〉という党のスローガンを知っているだろう。この逆も言えると考えたことがないかね？　つまり、隷従は自由なり、ということだ。一人でいる──自由でいる、このとき人は必ず打ち負かされる。それも必然というべきだろう、人は死ぬ運命にあり、死はあらゆる敗北の中で最高の敗北だからね。しかし、もし完全な無条件の服従が出来れば、自分のアイデンティティを脱却することが出来れば、自分がすなわち党になるまで党に没入できれば、その人物は全能で不滅の存在となる。二番目に認識すべきは、権力が人間を支配する力だということだ。肉体を支配する力もそうだが、何よりも、精神を支配する力だ。物質――君の言う外部の現実だな――を支配する力は重要ではない。すでに物質に対するわれわれの支配は絶対のものになっているからね」(＊2)

――◆――◆――

イェセが引きちぎられた本を持ってこなかったなら、母と過ごせる最後のすばらしいひと夏となったはずだった。気がふれたように母が読みふける傍らで、私とイェセは、救急セン

(＊1)『一九八四年』(ジョージ・オーウェル著) 一九四九年の出版直後、ソ連で禁書とされた。ラトヴィア語訳の初版は一九九〇年。ここでは「改訂版」(高橋和久訳、早川文庫、四一八～四一九ページ) から引用した。

(＊2) 前掲書、四〇九～四一〇ページ。

ターの仕事が再開するまでに残された日数を指折り数えていた。その本を見つけて母にわたしたことを、イェセは心底後悔していた。私たちは読み物を母から取り上げてしまおうかとも算段したが、そうしたらどうなることかと恐れた。明るく美しい夏の夜の庭で、母は書庫のゴミ箱からイェセが拾ってきた本の話しかしなかった。

「書名も著者もわからないくせに」私とイェセは、母の関心の矛先を変えたかった。

「そんなこと、どうだっていいじゃない」母はむきになって言い返し、本の一節を声に出して読み続けた。その合間に意味不明な言葉を差し挟みながら――「戦争は平和なり」――「自由は隷従なり」――「無知は力なり」。

夕方になると私はよくデートに出掛け、母のことをイェセに託した。庭にいるときも寝る前にも母に付き添っていたイェセは、『白鯨』のイシュメールを完全に追いやった正体不明のウィンストンに延々と付き合わされていた。

持ち込まれた本の片鱗は、何度もめくられてページが破れてボロボロになった。母は本を被うための厚紙を探して、とうとう壁掛けカレンダーを破き、「新一九八四年」というロシア語の赤字を消して、黒の万年筆で「一九八四年夏」とラトヴィア語で書き直した。

カレンダーをカバーとした本の片割れが、私は恨めしかった。私から母と一緒に過ごせる最後の夏を奪い、日常と花咲きほこる庭やミルクのように温かい川の水から、はるか遠くの幻影と亡霊の世界に母を連れ去ったのだ。

◇　◇

霧に包まれているうちに、娘は引っ越していった。私はイェセの持ち込んだ本と日常が混在するおかしな現実に混乱して、感覚がすっかり麻痺していた。すでに自分の日々を生きていないような気がした。七月から八月前半まで、めまぐるしい速さで過ぎ去った。イェセは娘と過ごせる最後の日々を私が無為にするのにしびれを切らして、とうとう私から本を取り上げ、どこかにしまい込んだ。

娘には感心させられた。私の奇妙な不在に不満も見せずに我慢強く耐えて、自分の持ち物をより分けて丁寧に荷造りしたうえ、郵便局のアルバイトを見つけて小遣いを貯めていた。夕方に外出しても、必ず深夜前には帰宅した。きっと好きな人ができたのだ。でも、私とそんな話をする機会はなかった。

イェセはそのことですっかり心を痛めていた。カレンダーのカバーをかけた本を取り上げた日、イェセが私に面と向かって言った。私のしていることは「この贈り物が欲しくない」と書き置きして、病院の入り口に置き去りにした彼女の母親と同じだと。

「わからないの?」イェセが言った。「娘とこうしていられるのも今年かぎりだよ。町での生活がはじまったら、会ってくれるときにしか会えなくなるんだよ。賢くてやさしい子だよ。神様のお恵みだ。いったいどんな悪霊に苦しめられているというの?」

イェセの口調は、まるで山上の垂訓《すいくん》だった。

そうだ、悪霊だ。セラフィマに話しても信じてもらえなかった悪霊だ。セラフィマが信じなかった悪霊を、イェセは私のなかに見いだしていた。

しつこい悪霊につきまとわれて、追い込まれた広場に二つの門があった。一つの上に「自由は隷従なり」、別の上には「隷従は自由なり」と書いてあった。どっちであろうが罠なのだ。

「ママ、学校の制服は持っていかないよ、タンスに置いておくね。スカートとチェックのブラウスとベストを新調してもらうから」

娘が私の悪霊を追い払った。

「カバンも置いていくよ。内側がすっかりボロボロなの。スキーブーツもきつくなったから。童話の本も置いていっていいかな、読む時間がなくなるからね。犬の口輪は棚の下の引き出しに入れておいたよ。また犬を飼うかもしれないでしょ」

「それに、クリスマスカクタスに時々水やりを忘れないで。でも、星型の花が咲く、蛇革の緑の小さいほうには水をやらないでね」

「ママ、私、前髪を切ったほうがいいと思う？　ボブスタイルにしようかな」

「それとネクタイを置いていくね。持っていく意味ないでしょ。いい？」

「それに、ここにほかにいろいろ細かいもの、小石とか栗とか植物標本箱とか。邪魔じゃないよね」

「邪魔じゃないわ、私の檻にあってもかまわない。時々、手に取って眺めるわ。それに、埃を払って部屋の換気をして、花の水やりもするね。隷従は自由なり。ここで待っているからね」

娘の出発前夜、私たちは長いこと庭に腰掛けていた。しっとりと温かい八月の夜更け。リンゴが音を立てて木から地面に落ちた。

私たちは口をつぐんでいた。とうとう娘が口を切った。

「ママ、子どもは母乳の味を覚えているものなの？」

「ありえないでしょうね。そんなに幼いころの記憶はないものよ」

それからまたしばらくの沈黙。

――◆――◆――

町に戻った私は、新しい学校に慣れるのに必死で、しばらく母を忘れていた。最初のうちは、祖父母の部屋の長椅子に寝て夜を明かした。広々とした自分の部屋があったけれど、一人になりたくなかった。いつも誰かのそばにいたかった。

新しい学校にはなかなかなじめなかった。そもそも大きな建物に戸惑った。授業によっては新旧の二つの校舎で行われていたため、ガラス張りの長い廊下でつながれた新校舎と旧校舎の間を毎日移動しなければならなかった。それで、迷路のように入り組んだ大小すべての廊下を、さっそく覚えなくてはならなかったのだ。

クラスの新入生はわずかだった。リガの学校では誰もがよそよそしく、突き放されるような冷たさを感じた。同級生同士でも教師との関係と同じように他人行儀で、校長先生は校長室にいて近寄ることなどできなかった。

田舎の学校とまるで正反対だった。九月の最初の数週間は、雨に濡れたビーツとニンジンの畑で早朝に秋の霧に包まれたこと、みんな揃って根菜の山を背にして座っていたこと、昼食に温かいスープが運ばれてきたこと、そのすべてが恋しかった。雨が降って地面が水浸しになると、ぬかるんだ小径を睦まじく帰宅したものだ。

中央の学校はまるっきり違っていた。天井から吊り下がる電灯が、堅苦しいほどの清潔さを煌々と照らし出していた。ここでは、誰もが成績を競いあい、人を追い越すどころかトップになろうとして必死だった。校長先生はグレーヘアにうっすらと髭のある大柄の女性で、競争心に発破をかけていた。校長先生が姿を現すと、廊下の空気が一斉に張り詰めた。ずっと体格が大きい体育の教師までもが威圧されていた。

のどかなビーツ畑は、大掃除に取って代わった。ひと月に二日、授業が早めに切り上げられ、普段は清掃員が手抜きしたままの床磨きとラジエーターの清掃に生徒がとりかかった。

作業が終了すると、校長先生のお出ましだ。大きな右手に白い手袋をはめて、私たちがたった今清掃したばかりの箇所を点検するのだ。白い手袋がところどころ薄く汚れるのはいうまでもなく、灰色や、時には黒い跡までつけた。それに続いて、大講堂で校長先生の説教がはじまる――正直に成し遂げた結果を前にして。ソ連の学校生徒の義務について。黒い汚点がつく前の手袋のように純白であるべき共産主義の良心について。それにもかかわらず、与えられた作業を誠実に果たさなかった者がいた、と。

天井が低く空気の垂れこめるような講堂で校長先生の説教を聞きながら、私はベンビィを思って心が痛んだ。そのとき、いきなり私は哀れなハムスターのことを理解したのだ。ベンビィに与えた冷酷な罰に許しを求め、息の詰まりそうな講堂と校長先生の金切り声が終わるのを今か今かと待ちながら母を思った。母がベンビィの心をくんだこと、それに死ぬかもしれなかったキノコを食べたことを。

その夜、私は祖父母に昔のことを教えてほしいと頼んだ。テレビのアナウンサーが毎晩のように話している現実は、今まですべて本当にそっくりそのままだったのか、私は知りたかった。

義祖父が言った。

「昔のことをほじくりかえすのはよそう。まったく何も変わらないのだから。これからもずっとロシアに踏みつけにされる。それに……」義祖父は言い添えた。「そんなことを決して学校で話してはいけないよ。親友だと思っている友達にも。わかったね」義祖父は念を押した。

私は食い下がって、祖父母に打ち明けた――ブレジネフの葬儀後の一一月一八日に母が泥酔したこと、母の机にウラギクの花が赤白赤に並べて置いてあったこと、それに酔いに任せて母がラトヴィアの話をしたこと。

祖父母は大きく目を見開いて私を見つめた。その目から涙がこぼれた。義祖父は、私の部屋の、以前に眺めたことのある母のアルバムの傍らから別のアルバムを取り出した。

「秋にはもう大人になるんだね。でも、わかるか、これは家のなかだけの話だよ。なんにも、まったく何一つ変わらないのだから」

「決められたとおりに生きるのよ、おチビさん」祖母が付け足した。

義祖父のアルバムは、まるでおとぎ話の世界だった。そこには、私はおろか、母にとっても生前のラトヴィアがあった。義祖父は颯爽と凜々しい正装をして、膝までのロングブーツを履き、手に旗を持って自由の記念碑を背にして立っていた。セピア色の写真では色の判別ができなかった。

「二本の赤線と一本は白、私たちには自分の国家と国旗があったんだ」

義祖父は、指で写真を上からなぞった。

私の目にも涙がこみ上げてきた。母の言うとおりだった。母の夢物語としか思っていなかったことが、すべて本当だったなんて。

この真実をどうしたらいいのか？　毎日、学校ではロシア語とロシア文学の授業があり、公民の科目では共産党大会の資料を覚えなければならなかった。意味をなさない同じフレーズの、長々とした繰り返し。その要約に暗記の必要はなかった。

私は、二つの世界を並行して生きるようになった。放課後は翌日の予習をいそいそとこなしながら、夜になれば祖父母の話に聞き入った。二人とも、実によく覚えていた。

最初の秋休みが来るまでに、新しい学校で私は優等生となっていた。私の成績を抜いたのは、数学を得意とする秀才の男子一人だけだった。敵う者がいないほどの彼の能力に、私は心の底から感心した。私は彼に強い信頼を抱き、信頼を寄せるあまりに、自分の内で並行する世界の秘密を打ち明けたくなった――ソ連とドイツに翻弄されたラトヴィアのこと、ここから亡命した人々、銃殺されて亡くなった人々、シベリアに追放された人々、残留した人々の沈黙のこと、その三世代目が私たちなのだということを。そして、地方にひっそりと暮らす母のこと、そもそも母は分断された二つの生き方を望まないばかりか、かつてのラトヴィアと同じく自分も愚弄《ぐろう》されたと感じていること、どっちの生き方も望んでいないこと――そのすべてを秀才少年に打ち明けたかった。でも、そうはしなかった。自分が話すことの重大さを知る義祖父の言いつけを守った。

秋休みに母に会いに行った。駅で出迎えてくれたイェセは、心細そうな眼をしていた。私が母に会うのはほぼ三か月ぶりだった。

私と肩を並べて、ゆっくりと歩を進めながらイェセが言った。

「悲しみのどん底なのよ。お母さんは救急センターに週に二、三日しか出ていない。それ以外の時間は、自ら破滅しようとしている。私がなんとかしようとしても、何をしようがダメ。家を掃除しようにも、自分の部屋には入れてくれないし。来てくれてよかった」

母は厚手のモーニングガウンを着て、ベッドに寝そべっていた。周囲に本と灰皿と食べかけのリンゴ、サイドテーブルにコーヒーカップが並び、床には薬の空箱や、使いかけの薬箱が蓋を開けたまま転がっていた。

私が入っていくと、母がわずかに微笑んだ。

「都会の娘が来たね」そう言ってタバコをふかした。

部屋の空気がこもっていた。私は窓を開けた。

「ママ、ほら見て、洋梨と柿と食用栗だよ。覚えている？　秋は市場で山積みに売られていて、そんなに高くもないの」

母は黄色の洋梨とオレンジ色の柿を手に取って眺めた。

「きっといい匂いがするのね。でも、匂いが感じられないの」

　母は物憂げに煙を吸った。

「一週間の休みの間、ここにいるね。さあ、起きて。掃除するよ」

　母は子どものように素直に従い、私が部屋を掃除する間、台所に腰掛けていた。夜になると、私は大鍋で湯を沸かし、身体をくまなく洗うのを手伝い、その背中を流してやった。絡まった髪の毛を梳《と》かし、両手両足の爪を切ってやった。

「一週間に二、三回はなんとか自分でやっているのよ。でも、力が出なくて、何もする気になれない、まったく何も。イェセがあれこれと世話を焼いてくれている」母が言った。

「明日か明後日、リンゴケーキを焼いてくれない？」

　私は母の思考の向きを変えたかった。「二人の誕生祝いをしなくちゃ」

　私がそばにいた数日間に、母はある程度息を吹き返した。新しい学校のこと、祖父母が夜に聞かせてくれる話、自分の秘密を打ち明けたくなった秀才少年の話に母は興味を寄せて聞いていた。

「あのね、前にママの話を信じないと言ったけど、今ならわかるわ。ママの言っていることには意味があったのね」

「賢くなったのね」母が言った。

誕生祝いにリンゴケーキを焼いて、イェセも招いた。イェセは喜び勇んで、髪を結わえ着飾ってやって来た。

祝いの食卓に、イェセが小箱を取り出した。これまでもらったことのあるたった一つの、孤児院にいた育ての母からのプレゼント。それを私たちに譲りたいと言った。私たちが持っていたほうがいい。私たちより近しい人はほかになく、きっとこれからも現れないだろうから、と。

「開けてみて」イェセが私に言った。

私が箱を開けると、小さい金色の輪と松ヤニの塊と干からびた小枝が入っていた。

「もらってしまっていいの？　自分がもらったものなのに」私は言った。

「ただでもらって、ただで譲る」イェセは笑った。

何かしら食べ物をつまみながら、私たちは夜更けまで起きていた。生還してきた母を私は見つめた。イェセが喜びをともにしていた。

――◇――◇――

　これからは、いつもこうなる。死ぬまで。娘は、学校の休暇やたまの週末にしか来なくなる。学校が忙しくなれば、来ないこともある。恋人ができれば、ますます来なくなる。これからは、きっといつもこうなるのね、イェセ。

「もう三日も寝たきりだよ、着替えて散歩に出ようよ」イェセは根気強く、私をベッドから引っぱり出そうとした。

「タバコと本のせいで現実から引き離されているのよ。それに、この疎《うと》ましい薬」

　イェセは頭を振って、コーヒーカップと灰皿を片づけた。

「楽になれるのよ。一瞬でも、今生きている世界とは別のところに行ける」と私は言った。

「この世の何が悪いっていうの」イェセは切り返した。

「教えて、どこが悪いの？　朝が来れば陽が昇り、夜に沈む。毎日、穏やかに過ぎていく。重病でもないし、飢えてもいない。住む家もある」

「そう言われると、そのとおりだという気がしてくるわね」

「受け入れるのよ、この真実を受け入れて」イェセは続けた。「そうすれば自由になれる」

「奴隷でもないのに、自由になれるってどういうこと？」

「本当にそうじゃない？」

「そうじゃないわよ。私はこうしていることで、自由以外の何者でもないわ」

「私の言うことをどうしてわかってくれないの。私の声に、どうして耳を傾けてくれないの？」

イェセはぷいと怒って部屋を出ていった。台所で食器を洗い流しながら皿をぶつける音が聞こえてきた。

私はしぶしぶ身支度をして、イェセとの散歩に出た。穏やかな一一月は、いつだって過去のうずきをかき立てる。私たちは口をつぐんだまま、川沿いを集団農場《コルホーズ》のほうに向かった。そこから先の草原には、夏にハーブティーにするための野草と野花を摘みに来る者以外、普段は誰も訪れなかった。

私とイェセはその場所を好んだ。隠棲。存在するのは自分たちだけという、明快な世界。草原は私たちを川辺に連れ戻した。岸に生い茂るオオイグサが、初霜で茶色に染まっていた。

「見て」イェセが言った。「ぜんぜん綿毛になっていないね。固まったまま」

「イェセ、私はどうすればいいの。心が死にそうなほど悲しい、固まったまま」

イェセがオオイグサに触れるのを見つめながら、私は言った。

イェセは沈黙した。目の前の川が沈黙した。曇った空が沈黙した。

川沿いの草原のあぜ道を私たちは家に向かった。イェセは前を行き、そのあとに私は続いた。ふいに、イェセが立ち止まって振り返った。「しっかりしてちょうだい」イェセが言った。「しっかりするのよ」

イェセが話し出した。その言葉が私に降り注いだ。

――イェセは、孤児院で少年たちに柱に縛りつけられた。彼らはイェセをギザギザで刺々しい柱に、薄いシャツ一枚の裸同然で縛りつけて迫った。「ぼくは生まれないほうがよかった、と言え」。イェセは黙っていた、唇をぎゅっと結んで黙っていた。少年たちは怒鳴った。「言えよ、変態め、ぼくは生まれないほうがよかったと言え」。イェセは黙っていた、口に水を含んだかのように押し黙った。少年らは石を投げつけ出した。顔や手足に当たって痛かった。少年らは怒鳴り続けた。「言えよ、ぼくは生まれないほうがよかったと言えってば」。それでもじっと耐えて、決してその言葉を口にしなかった。最後には、とうとう気絶しても。

言いたいことを言ってしまうと、イェセは向き直ってまた歩き出した。その後ろを、私はただついていった。

――◆――◆――

秋休みが終わって町に戻っても、私は母のことが気がかりでならなかった。イェセがそばにいてくれることだけが、せめてもの気休めだった。祖父母には余計な心配をかけたくなかった。そこで、母はだいぶ調子がよく、仕事量を減らして休暇を多くとるようになったと話した——だいぶ前からそうすべきだった。働きすぎだったもの。楽しかったよ。リンゴケーキを焼いて誕生祝いをしたり、暖炉でジャガイモを焼いたり。田舎の新鮮な空気をいっぱい吸いこんだ私にとって、あっという間だった、と。

高校一年生の第二幕がはじまった。第一幕が成績抜群だったことから、なおさら気が抜けなかった。私は秀才少年にもひと目置かれて、鼻高々だった。授業数が増えて、暇というものがほとんどなくなった。それどころか、軍事教練まではじまった。

学校の体育館にある汗臭いマットに、生徒全員が腹這いになった。そこで両足を広げなくてはいけないのに、女子生徒はこの教練のときに、ズボンに履き替えることが許されていなかった。スカート姿で這いつくばる女子たちを、男子はせせら笑った。そして、銃口を的に向けて、軍事教官のロシア語の怒声がかかると一斉に引き金を引く。うまく指示どおりにできなかった生徒は、教官お得意の言葉を浴びた——「情けで二点」。冷酷な教官に生徒たちは震え上がった。いともたやすく二点をつけられそうで、そのために成績そのものを落としかねなかった。

射撃訓練が終わると、教室でガスマスクを着けさせられた。それも、教官の号令なくしては取り外せなかった。軍事教官の合図を待っている間、同級生の一人が気絶した。ガスマスクのバルブが塞がっていたのに気づかないで、窒息したのだ。

ずんぐりむっくりの軍事教官を、私は心底嫌った。この男こそ混沌とした二重生活の張本人だと思えて仕方がなかった。蓮池に這い込んだぬるぬるした憎らしいカエルは、おとなしいトンボを食い尽くして、葉の上で鳴きながらどんどん太って膨らんだ。そのカエルを、みんなが呑み込まされる羽目となったのだ。

どん底のような学校生活に、一筋の光が射した。文化史クラブの参加者募集が、学校の掲示板に掲載されたのだ。学習時間外の活動だという。興味を惹かれて私は申し込みをした。

放課後、文化史クラブの初回に集まった生徒は、私と秀才少年ともう一人の女子、合わせて三名だった。私たちに自己紹介したブルームス先生は、まるで別の惑星から来た人のように見えた。珍しいくらい広い額にふさふさの髪は長め、モジャモジャの顎髭《あごひげ》——とても学校の先生らしくなかった。もの静かな話し方も、その話の中身も独特だった。

「最初に詩を取り上げます」先生が言った。「学習プログラムがなおざりにしたことを学びます」
（「なおざり」がどんな意味なのか知らなかった私は、その日のクラブの終わりに思い切って質問した。）
「ほら、この『岸の話』という詩を書いたのは、君たちよりほんの一〇歳年上の若い詩人です」ブルームス先生は読み上げた。

延々と立ち尽くして凍え、鼻水の流れるままに、
心と頭は純真なラトヴィアの喜びに解ける。
海は波打ち砕ける、そして波打ち、また崩れる。
（そのほかは波打ち砕ける、そして波打ち、また崩れる。）
永遠にいつまでも、今でなければありえない。
口をつぐみ、腰を据えて耐え忍び、心の飢えは消えよ！

先生が声にしたラトヴィア語は、まるで別の言語だった。私も、秀才少年も、女子生徒も、冷水を浴びせられたように動けなかった。ついさっきまで私たちは軍事教官の号令でガスマ

スクに息を詰まらせていたというのに、波打ち砕ける海岸に立っていた者がいるのだ。
私の二重生活はぐんと幅を広げた。そこに割入ってきたのがブルームス先生だ。ゴーリキー通りの図書館で、私は『岸の話』の著者が著した処女詩集を見つけた。小さくて薄っぺらな本は、かなりボロボロになっていた。私はそれをブーツのなかに押し込んで、図書館から持ち出した。そして、最初から最後まで一読すると、最後から最初まで読み返した。

――◇――◇――

救急センターの所長は、私を疎み出した。患者を診る医者にふさわしくないと、私の無頓着な身なりを口うるさく咎めた。担当する診療時間は最小限にまで減らされた。それでも私の診察日には廊下が押しあうほど混雑したことから、所長も当面は見過ごしておくしかなかった。
私は再びウィンストンに取り憑かれていた。イェセがどこかにしまい込んだというのに、私はその片割れの本を見つけて取り戻したのだ。ウィンストンは私から一歩も離れず、日光が背後から投げかける影のように私の前を進んだ。まるで私の次の一歩を予言して、模倣するかのように。

彼は家から救急センターに行く私に付きまとい、診察室では私の背後に立ち、患者の女性たちが服を脱いでも図々しく凝視していた。夜には、窓の外に彼の動く姿が見えた。夢のなかでは、祖母の話に出てきた男となって、教会から引き剥がした格子窓を身体に乗せて溝に寝ていた。ブーツで顔を蹴りつけられる未来の光景から身を守っていたのだろう。ウィンストンはそういう警告を受けていた。今や、私が夢のなかで彼にそういう警告を受けていた。

イェセは私をウィンストンの魔力から引き剥がすため、むなしい努力を続けていた。休日は朝早くからやって来て、私を庭や散歩に連れ出して気晴らしをさせようとした。昼食をつくるにも私を手伝わせた。

イェセが隣人宅の生け簀から鯉をもらってきた。巨大な鯉は長い髭をつけて、まるで王様然としていた。あまりに美しいので、しばらく生かしておこうということになり、タライに溜めてあった雨水に泳がせた。私はそのそばに腰を下ろして、最後の弧を描く大魚を見つめていた。

「思い入れをしちゃだめ。どうせ死ぬんだから」イェセが口をはさんだ。

それでも私は座ったまま、王様が息をしやすいように水をかき回した。鯉は恩に着るかのように口を開けて、タライのなかで鏡のような脇腹を金色に光らせた。

「どうして殺すというの？　見て、なんてきれいなのかしら」と私は言った。

「出刃包丁で」イェセが言った。「押さえていて。包丁の柄で頭を叩いてから、エラのところで切り落とす。それを竈《かまど》の炭で焼く」

「私の言ったことが聞こえてないのね。こんなに美しいのに、どうして殺すの？」

「いいからこっちに来て、ご馳走を押さえて」

イェセは気にもとめずに、エプロンをかけて出刃包丁を構えた。

王様は狂ったように尾をばたつかせて飛び跳ね、私たちを手こずらせた。壮絶な闘いの勝算は、イェセの大きな手にあった。王様は頭が切り取られても動きを止めなかった。イェセの鋭い包丁の下で、鏡のような鱗があたり一面に飛び散った。

その日の夕食は極上の晩餐となった。王様は口のなかでとろりととろけた。

「聞いて。次から自分で釣ってくるわ。川は魚がうようよしてる」とイェセは言った。

「私も一緒に行く」

私はイェセに感謝した。その一瞬は、ウィンストンもどこかに影を消していた。

文化史クラブは回を経るごとに盛況となって、生徒は一二人にまで増えた。ブルームス先生は、毎回、それまで聞いたこともなかった新しいことを教えてくれた。次の水曜日までの一週間に、前回取り上げた詩や絵画、歴史建造物、シンボルなどについて考えておくという課題だった。そのようにして水曜日から次の水曜日まで。

◆　◆

あまりにも面白いので思考の大部分を占めはじめるようになると、学校の教科はますますくだらなく感じられて、それに割く時間は減る一方となった。たとえば、公民の授業では、ソ連の新たな最高指導者となったゴルバチョフの演説を要約することが課題だった。その演説というのは、ブレジネフ亡きあとを引き継いだアンドロポフがわずか一年四か月でこの世を去り、その後を継ぎながらやはり就任後一年余りで死去したチェルネンコの追悼からはじまっていた。それを精読し、暗記しなければならなかった。「ソ連共産党は、その本質において国際主義的である。外国の我々の同志たちは、平和と社会進歩のための闘争でレーニンの党はいつものように兄弟の共産党、労働者党、革命的民主政党と緊密に協力し、全革命勢力の統一と積極的な連携のために行動していくことを確信することができる。同志諸君。我々の当面する複雑な諸課題の解決は、党の一層の強化と、組織者および指導者としての党の役割の向上を前提とする。ソ連共産党は、原則的政策が唯一の正しい政策であるとのレーニンの考え方に常に立脚してきたし、立脚している（＊1）」

気がおかしくなりそうだった。頭に叩き込まれた共産党同志の演説も、ブルームス先生が読み上げた言葉にかかればずたずたになった――「力で世界を掌握しようとするならば、結局は失敗に終わることが私にはよくわかる。世界はあまりに繊細でもろく、とてもぞんざいには扱えない」

私をぞんざいに扱う学校の授業を、私はますます嫌悪した。頭のなかは、ブルームス先生によって一新された、ずっと重要なことで占められるようになっていた。

ある水曜日、ブルームス先生は、次の土曜日にリュックに弁当と水筒を入れてバスターミナルに集合するようにと言った。文化史クラブの遠足だという。その日、私は母のところへ行く予定を立てていたが、ブルームス先生が提案した誘惑には勝てなかった。もうすぐ冬休みだ。母には、そのとき会いに行けばいい。

土曜日の朝、バスは数時間走って郊外の停留所に停まった。雪はまだなかったが、地面は凍っていた。先生を先頭に、荒れ野原を一列になっててくてくと渡っていく。すると、古びた教会が現れた。扉は半開だった。先生は一旦それを閉じてから、私たちが前にした教会について、それを建てて大切にし、ここで祈り、子どもを洗礼し、結婚や葬儀をした人々の話をした。鐘を鳴らしすぎて耳が半分聞こえなくなった寺男、寺男を裏切った神父、そして祭壇から消えた絵のことを。

話終えた先生が教会の扉を開けた。内部は瓦礫だらけで、その合間に灌木と若木が生い茂っていた。割れた窓をとおして曇り空が見えた。天井に教会の鐘が張り付いているかのようにぶら下がっていた。ブルームス先生にならって、私たちも視線を上げた。「見てごらんなさい」先生が言った。「鐘の舌《ぜつ》が引き抜かれています。もう鳴らすことはできません」

その後、教会のすぐ横で焚き火を囲んでサンドイッチとお茶となったとき、先生が問いかけた――あの鐘を見て何を考えましたか。

いつものように秀才少年が真っ先に答えた。

「ある意味、鐘は幸運です。歯の後ろにある舌を噛まないかと、気をつけなくていいのです

（＊1）「ゴルバチョフ＝ソ連新書記長の就任演説（旨）一九八五年三月一一日、モスクワ」日本外務省のホームページに掲載されている訳文より該当部分を引用。

から」

みんなもブルームス先生もたわいなく笑った。

「それで、あなたは？」間を置いて、先生が私に質問を振った。みんなが押し黙って私を見た。焚き火がパチッと音を立て、炎と静けさが私の頬を焼いた。

「あの鐘は私の母に似ています」

静けさに焚き火の音が強まった。

――◇――◇――

娘は冬休みに来た。クリスマス間近となって、イェセは娘の部屋に松かさのついている大きなモミの木を運び込んだ。塵を払い、床を磨き、台所の鍋にはエンドウ豆が干からびていた――イェセが煮たものだ。

イェセはクリスマスをできるだけ美しく迎えようとしていたのに、私のあまりの無関心に気を損ねて、家をさっぱりと片づけ、料理を置いて出て行ったまま、とうとう大晦日にも姿を見せなかった。

娘がいそいそと台所仕事をしていた。何か調理をしているようだった。私は料理の香りに誘われて、身を起こして服を着た。

「イェセはもう来ないわね」私が部屋から声をかけた。

「あなたも来なくなるのね」

「ママ」台所から娘の澄んだ声がした。「なんでもそんなふうに諦めないで。今、ポークリブとキャベツを煮てるからね。おじいちゃんが年末に肉屋の長蛇の列に並んだの。キャベツは市場で買ったよ。おじいちゃんとおばあちゃんがよろしくって。プレゼントもあるよ」

ポークリブと煮込みキャベツ。プレゼント。暮らしのあれこれ。そうしたものに触れると、いたたまれない気持ちになった。

仕方なく、私は厚手のズボンと上着に着替えた。忠実な友であるイェセを傷つけたうえに、娘まで傷つけたくなかった。

娘は台所で静かにガタゴトやっていた。イェセがするのと同じように、生命を吹きかけていた。鍋は煮立ち、竈《かまど》から温もりが漂い、炭とキャベツに混じってポークリブの香りがした。

「ママ、いい炭ができそうよ。ジャガイモを丸ごと焼こうよ。ジャガイモ、ある？」

「ジャガイモ？　たぶん、イェセが持ってきたなら、あるはず」

「あった！」娘は明るい声を上げた。「ほら、戸棚のバケツに。洗うね」

私は台所の食卓に着いてタバコをふかし、娘の動きを眺めていた。女性らしく家庭的なうえ、テキパキとした聡明さ。鍋の蓋を取って味見をし、塩を足し、ジャガイモの皮をこすりあわせてむき、たたんだ布巾に並べて乾かす。テーブルに皿とナイフとフォークを並べ、小皿にバターを乗せ、蝋燭を灯し、モミの木の小枝を花瓶に生けている。

祝宴の食卓という、生命の小島に私たちは着いていた。娘は学校と秀才少年、それに誰よりも賢いブルームス先生の話に夢中だった。

「ママ、覚えている？　田舎の学校のカーニバルで私を二重人格にしたよね。今、私はあの二重人格になったよ。一つは学校で教わること、もう一つはブルームス先生に教わること」

娘が、ふと言いにくそうに尋ねた。「ママ、これから話すことで怒らない？」

「怒らないわよ」

「ブルームス先生がうち捨てられた教会に連れていってくれて、そこで舌《ぜつ》が引き抜かれた釣鐘を見たの。そのあと、先生にその鐘のことをどう思うかと質問された」

「それでなんて答えたの？」

「私はその鐘はママに似ていると言ったの。みんなが黙ったから、それ以上何も言えなくなっちゃった。気まずい沈黙だったけど、鐘のどこがママに似ているのか、うまく説明できそうになかった。それで、私もみんなと一緒に黙ったわ」

「それで、その鐘のどこが私に似ているの？」

「だって、時々、ママは誰かに生きる喜びを奪い取られたんじゃないかって気がするんだもの。あの鐘の舌みたいに、ママから抜き取った。それで、ママは自分の鐘を鳴らすことができないのよ。ブルームス先生が鐘について言ったのとまったく同じように。怒ってない？」

私は娘を見つめた。私の肉体であって私の命。聖母に授かった娘。娘の生への願望は、私を握り潰そうとする地獄や寄生虫より強いのだ。

「怒ってない？」

「まさか、あなたは私の宝だもの」

食後、私と母は暖かく着込んで外に出た。三日間、雪が降り続いていた。まぶしい太陽が白い地面にベールを敷いた。いつもの道を川に向かった。

「イェセを誘おうよ」娘が言った。「イェセはいい人だよ、傷つけちゃだめだよ」

イェセの小屋の窓に、娘は雪を丸めて投げつけた。すぐにバタバタと家を出てきたイェセが、私たちを見て嬉しそうな顔をした。

「イェセ、何してるの？」娘が朗らかに呼んだ。「川に行こうよ」

三人で進んだ。真ん中を行く娘は、私たち二人に腕を回した。

太陽は金色のボールとなって白い川に転がった。私たちはまばゆい静けさに触れて、ただ黙して佇んだ。

とうとう娘が嬉々とした声を上げた。

「滑ろうよ、ママ、イェセ、滑ろう！」

私たちは娘に手を取られて、三人で柔らかい雪の上に駆け込んだ。滑って転んだ。三人とも手をつないだまま、しばらく寝転んでいた。太陽を仰ぎながら。

――◆――◆――

母と過ごした冬休みが終わり、ブルームス先生のクラブも再開して、私は学校の授業にますます興味を失った。優秀な成績がほころび出した。担任の先生に指摘されて、きっと挽回します、と私は誓った。祖父母も、放課後の文化史クラブは負担が重いのではないかと心配した。そんなことはない、大丈夫だと言い張る私が不安でならなかったのは、担任の先生と祖父母がブルームス先生を疎みはしないかということだった。

私は自らに発破をかけて課題をこなし、くだらない歴史と公民を丸暗記し、正しい作文を書き、軍事教練の忠実な模範となり、苦手な物理と代数学もクリアして、成績をもち直した。そのすべてが、たった一つの目的のためだった——ブルームス先生が、春休みにレニングラードのエルミタージュ美術館に連れていってくれるというのだ。成績こそ優秀ならば、誰も反対はできない。

祖母は溜め息をついた。レニングラードは、私の母にとって最悪の結果をもたらしたのだ。

「やめて。こんなに楽しみにしているのに、台無しにしないで」私は祖母を遮った。

春休みに母に会い行けないわけを、私は手紙に書いて送った——すてきな旅行があるの、レニングラードへ。

すると母から、ネヴァ河に架かる跳ね橋の葉書の返信が届いた。かつてレニングラードで入手したものだろう。そこに二言だけ書いてあった——旅を楽しんできて。ネヴァ河とブルームス先生によろしく。

春休みに入って二日目、私たちは本当に、リガ発レニングラード行き列車の二等車に乗っていた。それでもまだ私は、自分の目が信じられなかった。ブルームス先生は約束を果たし、私は嫌というほど勉強して成績を挽回したのだ。

夜行列車の一夜はよく眠れなかった。翌朝、私たちは目をこすりながらエルミタージュに直行した。そして、果てしなく長い行列に並んで、寒さに凍えながら忍耐の鎧を被った。隣にあった外国人専用の列は、ずんずん前に流れていた。外国人は快適な観光バスで運ばれてきて、順番待ちもなく入場できたのだ。

私たちは体の芯まで凍えてきて、時折、行列を抜けでて飛んだり跳ねたり駆け回ったりした。ようやく美術館に入れたころには、正午もだいぶ過ぎていた。美術館内の二つ目のホールを過ぎたあたりで私はめまいがして、ベンチを見つけて腰を下ろした。

そこは天地がひっくり返るような世界だった。電球が焼きついたようになって、私の頭をこじ開けた。ブルームス先生の解説をわかろうとするのではなく、ただ先生の言葉が私のなかをとおり抜けてくれるように、自分の心を空っぽにして集中した。絵画もまた私を見つめて、先生の言葉と同じように私のなかをとおり抜けてほしい。吹きさらしの地面の網の目となった自分に、なんらかの穀物の粒がひっかかって、土と絡みあって殻を破って萌芽してほしい。

私たちは時間の感覚を失って、目が眩んだようにホールからホールを歩き回った。力が尽きそうになった。ふと、私は眼にした――黒い絵に輝く緑の月を。その絵の前で床にぺたんと座り込んだら、もう腰を上げることができなかった。その絵の、額縁のなかのわずかな空間でせめぎあっている闇と光に引き込まれた。私が存在するのはここでなく、あそこだ――緑の月と闇とのあいだ。そこでは、みんなの姿が消えていた――自分、母、祖父母、ハムスターの檻、土製の人形。何もかもが渦を巻きながら光速で闇に消えた。

「クインジ(＊1)の前で気絶していましたよ」私はブルームス先生の言葉で我に返った。驚いたクラブの仲間に、ぐるりと取り囲まれていた。美術館の警備員が、コップ一杯の水を差し出してくれた。

夜になって、私たちはネヴァ河の跳ね橋が上がるのを見に行った。跳ね橋が口を開いて、満天の星空にもち上がる様子はなんとも荘厳だった。その下を流れるネヴァ河に母の挨拶を伝えよう。それから、私を闇から目覚めさせてくれたブルームス先生にも。

(＊1) アルヒープ・クインジ(一八四二?~一九一〇)は、一九紀後半のロシアを代表するウクライナ出身の風景画家。

――◇――◇――

会いに来た娘は、がっくりと、この世の終わりというほど沈み込んでいた。自分の部屋から台所に座り込んで、うつろな目で窓の外を見つめていた。何かあったのだ。

私と娘は、普段から互いを質問攻めにするようなことはしなかった。夜になって、娘の部屋から静かなすすり泣きが聞こえてきた。私は娘のそばに寄っていった。

「ママ」涙にくれて娘が言った。「レニングラードのあとで、ブルームス先生が追い出されたの。私が絵の前で失神したことを、誰かが校長先生に告げ口したの。それで先生は学校から追放された。それだけじゃないの」

「絵の前で失神した？」私は聞き返した。

「そうなの。疲れてて、生理だったし。それに、絵が信じられないほどの美しさだった、闇と緑色の月だけの絵。じっと見ていたら、ふいに闇が私たちみんなを――私もママも、それにおばあちゃんとおじいちゃんも、土の人形も引き込んでいきそうだった。それで目の前が暗くなって、失神したの」

娘のせいではないのに、大きな罪の意識で泣きじゃくっていた。

「そんなことで先生を追い出したりしないわ」

「単なる口実よ、ママ、口実なの。あのクラブの初日から、奴らは先生を見張っていたの。クラブの誰かが、全部、何もかも全部校長先生に伝えて、校長先生は奴らに伝えていたのよ」

娘のベッドで「奴ら」のことを娘が話すのを聞いているうちに、私はむせかえるような憎しみがむかむかとこみ上げてくるのを感じた。窓の外にウィンストンが亡霊のように立っているような気がした――顔の形が変わるほど拷問されて――「奴ら」の真実を無理やりに認めさせられ、受け入れさせられて。私にもたれかかっていた亡霊は、今や娘にもたれかかっていた。

「それだけじゃない。それだけじゃないの」娘は涙にむせび、身体をヒクヒクと震わせながら話した。

「旅行の一週間後に校長先生に放課後に呼び出されて、校長室まで連れていかれた。あのときと同じよ、ママ、覚えている？　うちのところに、アスファルトの上にあの落書きがあったとき。そこに恐ろしい男がいた。恐ろしいの、ママ、頭が大きくて、金髪で、ひどく目つきが悪くて。とても嫌な目つきなの」

私は娘の頭を撫でながら、自分の身体に震えが来るのを感じた。まるで、はるか遠くから――父が守ろうとしたモミの木の植林地やら、母に隠されたひんやりとしたスーツケースやら、神についての会話を通報した老教授やら、私がすべてを否定したエンゲルス通りの部屋やら、セラフィマの夫のクシャクシャになった顔やら、子どもを食べる勇気がなかった自分の檻から――やって来る震えにがんじがらめにされそうだった。それに全身で立ち向かい、両手が震えないようにしながら、むせび泣く我が子をなんとかさすっていた。

「とても嫌な目つきで」娘は繰り返した。

――「ブルームス先生に教会に連れていかれたか?」と、唐突に質問されたの。極悪人みたいなその男に気圧《けお》されて、声も出せずに震えていたの。そうしたら男が立ち上がって、私の背後に回って肩に手を置いて、ぞっとするような穏やかな声で言ったの。

「答えないなら、学校を卒業できないぞ、決して大学に入れないぞ」

それで私は言ったの。「連れていかれました」と。だって、連れていってくれたのは事実でしょ。

「先生は学校プログラムにない詩とほかの文章を読み上げたか」悪い男が責め続けた。

「読みました」と私は泣きながら言った。読んでいないと嘘を言えばよかった。でも、読んだと事実を言ったの。全部否定して嘘をつけばよかった。

するとと男は机に戻って、白紙とボールペンを出して私の前に置いた。それで穏やかな声で言った。

「さあ、そのことを全部書きなさい」

「何を書くんですか」と、私は聞き返したわ。

「ブルームス先生が君たちを教会に連れていった、学校プログラムにない詩とほかの文章を読み上げた、と書くんだ。そして、姓名とクラスのところに署名をするんだ」

「書きません」

悪い男は再び立ち上がって、また私の背後に立って、今度は両手を私の両肩に置いて痛いほど揺らしたの。

「わかっているだろうね、おまえの母親の人生がどうなったか」

そう言ったのよ。明朝には学校を退学になって、優秀な成績など役立たずだ、まったくなんの助けにもならない、と。そのあと、男は私の身体を自分のほうに向かせて恐ろしい顔で怒鳴った。

「ブルームスのような同志は、青少年を毒し、毒してソ連から道を外させる。私に権限があるなら先生は刑務所行きだが、残念ながら時代は変わった。だが、先生は今後二度と学校に足を踏み入れられない、一歩もね。ブルームスの一味！　さあ、書け！」

我が子のなんという泣きようか。私はなんとかなだめようとした。

――すると、ドアが開いて校長先生が入ってきたの。校長は恐ろしく怖い顔をしていた。机について、両手の太い指を組み合わせて、唇の端を震わせながら、悪い男とまったく同じ話し方をしたの。

「あなたは今、これからの一生をダメにするかもしれないんですよ。ほかの生徒たちはもう書きました」

「二一人、みんなが？」私はむせび泣きながら聞いた。

「二一人、みんながこんな面倒をかけずにね」と答えた。

ということは、秀才少年も……彼までもが書いたというのか。校長先生は続けた。

「あなたが優等生でなかったら、こんなにちやほやしてません。さあ、書いて、署名をしなさい」

私は書いたの。書いたのよ——ブルームス先生は私たちを教会に連れていきました。学校プログラムにない詩とほかの文章を読み上げました——姓名とクラス、そして署名したの。

これ以上ないというほど慟哭《どうこく》する娘に、私の心臓は引き裂かれた。

私は娘にカモミールティーを淹れ、ハチミツを垂らした。娘はそれを飲むと、どっと泣き疲れて寝入った。娘が穏やかな吐息を立てはじめると、私はドアを閉めた。

私は自分の部屋の闇に包まれた。窓を開けると、外は再び春に向かっていた。タバコを吸った。震えは徐々に消えていった。

空はいつになく明るい。私は庭に出た。なんと満天の星空だろう。まさに頭上を、ミルキ《天》ーウェイ《の川》が流れていた。女神のミルクが滴るところ、それはいずれは父親に食われる子どもに授乳しているところ。はるかに遠い、果てしなく温かい流れ。その夜が明けるまで、私はずっと見上げていた。ミルキーウェイが消えて、隣家の庭で一番鶏が鳴くまで。

——◆——◆——

ブルームス先生がいなくなった学校は、私にとっては抜け殻も同然だった。私は秀才少年と顔を合わせないようにしていたのに、彼のほうではまるで何事もなかったかのような素振りをした。同じく文化史クラブのほかのメンバーのことも避けたけれど、廊下で偶然にすれちがった彼らも何食わぬ顔をしていた。みんな、春のことしか頭になかった。

あとひと月かそこらで夏休みが来る。祖父母には心配のかけっぱなしだった。私が学校で尋問を受けてからというもの、祖父母は過度に私を気遣った。それが私にとっては逆に重荷となった。祖父母は近くの海岸に間借りして夏を過ごすことにし、私は母のところへ行くことに決めた。

それまでは与えられた課題を、私はただ黙々と片づけていた。担任の先生にも別扱いされるようになった。歴史と公民を専門としていた担任の先生が私に対して明らかに厳しくなったので、否応なしに私は猛烈に勉強に励むことにした。そうしながらも、学年度の終わりまでの日数を指折り数え、過ぎ去ったカレンダーの日に十字の印を付けて消していた。

四月末、チェルノブイリの原発が爆発して世界中を震撼させた。校長先生は学校の軍事教練をそれまでの三倍に増やし、私たちは教官の指示に従って、ガスマスクの付け外しをへドが出るほど行った。

担任の先生は私たちに、ラトヴィアからチェルノブイリに救援に行く医者とボランティアの話をした。その好例に、医師である自分の息子を挙げた。医師は今こそチェルノブイリにいなくてはならない、と息子に納得させることが母親としての務めなのだと。その息子は母である先生に説得されて、犠牲者を助けるために原発の事故現場へ向かったという。

私は先生の見識を疑った。母親が促して息子をやったところは、生命の危険がある現場なのだ。でも、理解など何もしなくてよかった。偉大な祖国に対する義務と責任感の強いソ連市民にふさわしい英雄伝を聞いていれば、それでよかった。

担任の話は、窓の外を見やっていた私をなおざりにした——「なおざり」は、ブルームス先生の初回のクラブ活動で覚えた言葉だ。

学校が面する道の向こう側に大きな栗の木々が葉を広げていて、今にも花をつけそうだった。町を出たら野原を駆け回り、川で泳いだり川岸でくつろいだりしよう。母を気晴らしに散歩に連れ出して、暖かい晩には夜更かしをしよう。今年初のアンズタケを摘んで、灰皿とリンゴの芯とコーヒーカップを片手に本に埋もれて眠るママを起こしてやろう。

ブルームス先生がすすめる本を読破しよう。母の本棚にある本もきっと読んでやるわ。目つきの悪い男と校長先生、ブルームス先生を突き上げる書類を書いた一一人の同級生、それに怖じ気づいて署名した自分を棚に上げて。

私は臆病な自分が腹立たしかった。今度の夏休みは、残すところあと一年の少年院から仮釈放となるようなものだ。あと、たったの一年の我慢だ。

「息子を誇りに思います」先生の言葉で、私は教室に引き戻された。

二週間後、栗の木がほぼ満開というときに、校内は悲報に揺るがされた。私たちの担任教師の息子である医師が、チェルノブイリで亡くなったのだ。先生は喪服に身を包み、黒いリボンを頭に巻いて出勤した。誰もが先生にお悔やみを告げた。あとは亜鉛の棺を待つのみだった――先生に促された義務を果たして、帰還する息子を入れて。

悲しみにくれた先生は、前にも増して厳格になった。学年度も終わり間近だというのに、歴史教材に延々と時間をかけ、次々と宿題やテストを課した。私たちがテストを受けているあいだ、先生は小部屋に姿を消し、そこから声を殺したすすり泣きが聞こえてきた。

私たちは互いに眼を合わせないようにと、机に顔を押しつけるようにして答案を書いた。授業時間が終わるころ、先生が教室に戻ってきた。泣きはらした目をして。

「息子を誇りに思います。義務を果たしたのです」先生は吐き出すように言った。

檻に囲まれた先生の姿はぼろぼろと崩れてハムスターに変身し、自分の子どもを食べる様が想像された。現実的すぎるほど恐ろしい光景に、私は吐き気がした。教室は空気が張りつめて静まりかえった。チャイムが鳴ってようやく救われた。

夏休みは、思い描いていたような仮釈放とはならなかった。まったく変わってしまった。私の出発前日、アパートの玄関にイェセが立っていた。泣きはらして、しょげてげっそりとしていた。私たちのとっさの不安を察知して、彼女は間を置かずに手短に話した——母は生きている、町の近郊の新しい総合病院に運び込まれている。

「何があったの？　何が？」

イェセは台所で祖母にすすめられるがままにお茶をすすると、話をはじめた。この前、私が訪ねて以来、母はすっかり閉じこもった。週に数回の救急センターにも出なくなった。「確かじゃないけど、たぶん解雇されたんだと思う」イェセが言った。

陽が落ちると、母は庭に出て空を見上げていた。イェセがいくら話しかけてもなしのつぶてで、声を発しようとしても、切れ切れのわずかな言葉しか出てこなかった。イェセは母の心を揺すぶろうとした。「夏が来れば三人になる、大丈夫だよ」

母はイェセに向き直り、奇妙な目をして言った。「そうね、イェセ、そうよ。大丈夫、私たちはみんな、ただの人間なのよ」そして、真っ暗闇をまた見上げるのだった。

その日の夜、イェセは仕事帰りに母の夕食の支度をするために立ち寄った。母の部屋のドアは閉まっていて、ノックをしてもなかから応じる声がなかった。嫌な予感がした。ドアを強く叩いても開かなかった。そこで、小さい鍵のかかっていたドアを力ずくでこじ開けた。「ああ、なんと」イェセは言った。「目を開けたまま寝ていた、真っ黒な瞳をして。両手が宙を掻いていた。横に、薬の箱が二つ転がっていた。それを全部飲んだのよ」

祖母は頭をもたげた――「地獄に落ちるんだわ」。祖母は繰り返した――「地獄に」。

イェセは一瞬押し黙ってから、先を続けた。

イェセは、救急車の付き添いを許された。そのなかで母は、死んだのも同然のように管を通されて酸素を注入され、胃を洗浄された。今は集中治療室で安静だという。イェセはなかに入れてもらえないが、娘か母親なら入れるだろう。

イェセが話していたのはせいぜい二〇分かそこらだっただろう。なのに私は、彼女が二〇年も話し続けていたように感じ、その二〇年がこの台所で過ぎ去ったような気がした。台所の窓の外、中庭にはタンポポが咲いていた。じきにそこにライラックが咲き、隣人の老人たちが木の下にある小テーブルを囲んで、冬が過ぎて初めてやって来るうららかな春の日を迎えることだろう。その向こうの砂場では、よちよち歩きの幼子たちが戯れ、鳥が羽をばたつかせるだろう。

それなのに、私には春にかまけている時間がなかった。イェセの口を流れ出る言葉よりも、ずっと早急に大人にならなくてはならなかった。その話をすべて受け止めるだけの勇敢な意識も必要だった。

「イェセは今晩ここに泊まって、お風呂に入って休んでちょうだい」私は言った。

「そうよ」祖母が弱々しく気の抜けた声で言った。「イェセ、泊まっていきなさい」

「私は今から会いに行ってくる。すぐに、病院に電話をかけるね」

「まさか一人で行くんじゃないでしょう?」心配そうな目を上げて、祖母が聞いた。

「行ってくるわ、一人で行ってくる」

トロリーバスは、レーニン通りが終わりかけたところで松林の方角に曲がった。乗客はまばらだった。窓際に座る私の膝は、祖母が用意したカバンを乗せていた。歯ブラシ、歯磨き粉、スリッパ、ガウン、櫛、石けん、タオル、ストッキング、厚手の靴下、ショーツ――母が目覚めたときに必要なもののすべて。生きるのに必要なもののすべて。まずは病棟という小さな生活空間から、母が立ち上がって帰宅できるようになる、より大きい空間まで。

窓の外の森に生い茂る緑があまりにもまぶしくて、目に突き刺さった。病院のそばで、中年女性が春の花々を売っていた。そんなものを持って集中治療室には入れてもらえないだろう。そもそも、入れてくれるのかどうかさえもわからない。

面会時間のまっ最中だった。大勢の人々が大切な人を見舞うために、石盤で敷き詰められた病院の正面玄関へ急いでいた。差し入れの手料理と花と生活用品を抱えて。

集中治療室の当直医が私にていねいに対応し、私の身分証明書を母のものと見比べてから言った。

「まだそんなに若いのに、大丈夫ですか。今、会いたいですか?」

「はい」と私は答えた。

医者について歩く病院の廊下は、果てしなく長く思われた。地下深くにどんどん下りていくようだったし、角を曲がるたびに、さらに大きい角が待ち受けているような気がした。

「集中治療室」と、青いランプの文字が見えるところまで来た。

「意識はありません。薬の中毒で命の危険があります」医者はそう言って、病室のドアを開けた。

母は腰まで裸のままで寝かされていた。母の胸にはいくつもの電極が装着されていて、そこから機械につながれていた。スクリーン上では母の生命線が波打っていた。

――◇――◇――

救世主のような眠りだった。地上にいたはずの私たちは、天界にいた。私もセラフィマもイェセもウィンストンも、ミルキーウェイを歩いていた。星の道は、ふわふわと柔らかくて明るい。笑顔で歩を進めながらミルキーウェイと戯れる――足跡はついた途端にさらりと消えて、きらきらとした網目で一面が覆われた。私たちは生きている――私たちの誰かが声を上げた。生きている、生きている――宇宙の闇に、頭上からも足下からもこだました。生きている、生きている――宇宙の闇にこだました。ミルキーウェイは、地獄と寄生虫に蝕まれなかった。ミルキーウェイは私たちを闇から導き出した――とっておきの自由へ。

――◆――◆――

相変わらず絡まったままの母の髪を私はさすった。耳から首、胸をさすった。母は温かい。

大きな金属の箱に命のシグナルを送りながら、温かく穏やかに寝ていた。

しばらくして医者が入ってきた。

「助かりそうです」医者が言った。「あなたも呼び戻してみてください」

三日後、母は意識を取り戻し、一般病棟に移った。私と祖母はベッドを挟んで座り、義祖父は廊下のベンチで待っていた、目覚めたばかりの母を唐突に興奮させたくないと言って。

母は私たちが持ってきたスープをスプーンで数回口に含んでから、目を閉じてぽつりと言った――「がっかりだわ」

祖母は、医者と長い間話をしていた。精神病院に移し、ひと月は医師の管理下で薬剤の投与が必要だという。医師の決定は絶対だった。

「ほかの選択肢はありません。自ら命を絶とうとしたのですから。母親であり、医師でありながら、あえてそうしたのです」。

夏休みは消滅した。祖父母と海岸にいても、イェセと母の家にいても、私たちの話題も思考も母に占領された。週に三度、私は母を見舞いに行った。私が記帳すると、衛生係はドアに取っ手を差し込んで母を部屋から病院の中庭へと散歩に出した。

庭を何周か歩いて、壊れかけたベンチに腰を下ろすと、母はタバコをふかして、煙をスパスパと吐き出した。まるで私の差し入れた小箱に、生命の万能薬が入っているとでもいうかのように。

イェセによろしく、母と義父にも――母は繰り返した。私は、自分が引き裂かれてしまいそうな質問を投げかける勇気がなかった。母は同じことを何度も繰り返していた。

「海はどう？」母が尋ねた。

「あの家に行った？　きっとイェセがすっかり片づけたわね」

母の問いに私は答えた――そうね、ううん、たぶん、いいわ、まあまあ。

「私と話したくないの？」いきなり怒って母が言った。

「生きていたくないの？」私は切り返した。

「生きていたくない」母が答えた。

「それで、これからどうなるの？」私は尋ねた。

「ひと月後に退院して、認定を受けて家に帰る。家に帰りたい。ここはぞっとする」

「それで私たちは、ずっとママを恐れて生きるのね。私はあの恐怖が怖い。子どものころから怖い」

「ごめん、努力するわ、やってみるから、ごめんね」

母は発作的にタバコを吸いながら、繰り返した。

「見て、ママ、あたり一面花が咲いている。家の庭でイェセとおしゃべりしたり、苺のムースをつくったり、野原を歩いたり、川で泳げたりしたはずなのに」

「私を抱きしめて、強く抱きしめてキスをして」

そう聞こえたかと思うと、太陽を背にした母の顔が私に迫っていた。母は一瞬にしてすっかり老いていた。滑らかな肌は落ち込み、目の下の黒い隈から悲しみの皺が伸びていた――まるで途切れない涙の塩水で固く刻まれたように。

母をきつく抱き締めて、私はキスをした。

「帰ってきたのね。私、必至になって呼んでたの。帰ってきたのね、もう大丈夫、もう大丈夫だよ、ママ」


――◇――◇――

八月後半にやっと退院できた。担当医は私をまるで廃棄物のようにあしらった。私は、母親であり医師でありながら、精神病院があることで知られているトヴァイクス通り《蒸気》の住人となったのだ。私はまるで馬のように薬漬けにされても、なされるがままにしていた。娘とイェセが私を連れ戻しにきて、荷物の片づけを手伝った。病院の門を出るまで、二人はしきりに話題をもち出して、会話を途切れさせなかった。

「絶対に、いいこと、絶対に二度とここに来ないこと」イェセがきっぱりと言った。娘は私の手をしっかりと握り締めていた。いつ何時逃げ出しかねない、手に負えない山羊のように。

「夏を台無しにしちゃったね」私は娘に言った。

「まだ二週間あるよ、キノコ狩りに行けるよ」娘はさばさばと答えた。

私を迎え入れた家と庭は、さりげなく飾られていた。そこに、二人の気遣いがどれほど込められていたことだろう。部屋はリンゴの香りが漂い、机の上にはアスター（キク科の花）が生けてあった。台所の食卓にご馳走が並べられていた。生が私の帰りを待っていた。

二人は私の周りでいそいそと料理を温めたり、荷ほどきをしたりしていた。私はそれを端からただ眺めていた。今進行していることを、まるで路上で車を停めるかのようにして、私もそこに乗り込んで一緒に進みたかった。それなのに、進行中のことは私の目前をすり抜けた。

私は言いたかった――イェセ、あれこれもうやめて。私たちはミルキーウェイにいたの、遊んでいたの、そこに足を浸したら足跡が消えたの――。でも、私は声にしないで、二人が私のこれからの生を整えようとする様を眺めていた。

「仕事を見つけておいたよ」嬉しそうにイェセが言った。

「ワイヤーブラシを束ねる仕事。サビ落とし用の。実入りのいい仕事だよ。なんの書類もいらないし、私の名義でできる」

「ワイヤーブラシを束ねる？」娘が聞き返した。「ママは救急センターに戻るんじゃない？」

「そっちはもうだめ」イェセが言った。「噂が早くて、もう全部知れわたっている」

「ブラシを束ねるの、いいわね。ありがとう、イェセ。心を込めてワイヤーを束ねるわ」

私は素直に言ったつもりだったが、娘とイェセにはどうやら皮肉に聞こえたようだった。

「まともな仕事につけると思っているの？　認定の手当がいくらだか、いつ支給されるかわかってる？　どうやって生活するつもり？」

イェセの声は怒っていた。

「初めは手伝うよ。前にやったことがある。難しいことじゃない」と、彼女は続けた。

「いいわ、わかった。ブラシを束ねましょう」

どっと疲れを感じて、私は部屋に戻って横になった。娘が毛布をかけてくれた。

「寝て、ママ、よく休んで」

娘が私の頭を撫でた。うとうとしかけたところで、娘とイェセの話し声が耳に入ってきた。

「イェセ、ママは投げ出したのよ、何もかも投げ出した。誰よりも賢くて、誰よりも勇敢な名医よ。ママは人の生まれ方を熟知しているし、きっと死に方もよくわかっている。どうしたらいいの？　私たちに何ができる？　なんという不公平なの？　どうしてここにやられたの？　レニングラードで研究しているはずだったのに。これから、イェセがママにワイヤーブラシの束ね方を教えるというわけね。なんて芥溜《はきだ》めなの、私たちが生きているのは？　私がブルームス先生を裏切り、ママがこれ以上生きることを望まない、ここはなんて芥溜《はきだ》めなの？」

「自分の生活を芥溜《はきだ》めなんて呼ばないで」

娘をなだめるイェセの声がした。

「絶対にそんなふうに呼んじゃだめだよ。たまたまそうなっただけ。重荷を課されても、なんとかやってきてるじゃないの。すべてを謙虚に受け入れるの、ワイヤーブラシも。そうすれば、新しい力が心の内に湧いてくる」

「イェセはいいことを言うのね、まるで本から引用してきたみたい」

私はすやすやと眠りに落ちた。眠りに解き放たれた。あとで起こしてもらえるだろう。夕食どきに。

◆　◆

新学年が猛スピードではじまっていた。担任の先生は私に特別な関心を寄せた。黒のリボンを髪に巻いたまま、私の母のことを繰り返し尋ねた。大丈夫です、と私は礼を言って応じていたのに、とうとう先生の仕事場となっている小部屋に呼び出された。

「どの教科も成績を落とせませんよ。今の成績を維持しなさい」

「はい、がんばります」

「あなたのお母さんが、この夏どこにいたのか知っています。ブルームス先生のことも。非の打ちどころのない模範生でいるんですよ」

このときふいに、先生は近頃すっかり強《こわ》ばって厳しかった表情を和ませた。そして、私の両手を取って頭を撫で、まるっきり別の声音《こわね》で言った。

「いい子ね、しっかりするのよ。しっかりして、どっちにもずり落ちてはいけないわ。優等生でいなさいね」

いい子？　私は困惑した。あの鬼のような先生に「いい子」と呼ばれるなんて。

「あなたのことが怖くなるの。お母さんを心配するあまり、いつか壊れてしまうのではないかと」と、先生は続けた。

どういうわけか、私は先生が哀れになった。

「大丈夫です。母はだいぶよくなっています。世話をしてくれる人もいます」

「それならいいわ、それなら安心ね」

先生が私にチョコレート菓子をくれた。

「この話は二人だけの秘密です。いいですね」

「わかりました」

私の成績はもち直し、秋冬の評価は群を抜いていた。秋休みにも冬休みにも、私は努めて母に会いに行くようにした。母の生活は、なんとか順調に始動していた。イェセがブラシの柄の部分とワイヤーを持ち込み、母はまるで患者を診察するように、その束ね方を器用に習得していた。確かに、報酬のいい仕事だった。秋休みにも冬休みにも、五〇ルーブル(＊1)もの小遣いを私に気前よくわたしてくれた。

母に会いに行くたびに、私は祖父母のところへ持ち帰る土産を持たされた。母はタルトや鶏肉を焼き、ロールキャベツをつくった。母の手料理はどれも美味しかった。

年始休暇が終わった一月半ば、校長先生が学校の大講堂で生徒集会を開いた。新刊の文学雑誌第一号（＊2）についての、秀才少年の発表を聞く会だった。校長先生の前で、秀才少年は雑誌の最初のページから最後のページまでをこきおろして批評した。

「こんなものが詩と呼べるものですか」校長先生は、ほとんど怒鳴るように同調した。

「便座に足をのせてはいけない！　白い便座が大きい黒い足跡で汚れる（＊3）――こんなものが詩と言えますか？」

自問自答した校長先生は、じろりと講堂を見わたした。その雑誌は、校長先生の怒声《どせい》で公に批判されたことによって、私たちに強い関心を抱かせた。雑誌は手から手にわたり、一ページ目から最後のページまでくまなく熟読された。ブルームス先生なら必読書に推薦したことだろう。

そのころ、二月初めに恐ろしい事件が起きた。ユルマラ海岸の高層ビルの窓から、若い詩人が突き落とされたのだ。文化史クラブの初回で読んだ詩を書いた人（＊4）だった。

海は波打ち砕ける、そして波打ち、また崩れる。

（そのほかは波打ち砕ける、そして波打ち、また崩れる。）


死亡を報じる新聞の紙面でこちらを見つめる詩人は、長めのくせ毛で、角張ったメガネをかけ、実に逞しい顔をしている。この人が死ぬなんて。

私は詩人の葬儀の日付と場所を調べて、隣の席の同級生に言った──「葬儀に行くわ、授業中だけど」おしゃべりな友達のおかげで、そのことはクラス中にたちまち知れわたった。


（＊1）ソビエト・ラトヴィア時代の通貨。著者によれば、現在の五〇ユーロに相当する。

（＊2）一九八七年一月創刊の月刊文学雑誌「Avots（泉）」のこと。ラトヴィアの若手作家らが集まり、内外の作品を紹介したことが当時としては鮮烈だった。後述のクラーヴス・エルスベルグスも編集に携わっていた。

（＊3）ラトヴィアの詩人兼アーティストのアンドリス・ブレジェ（一九五八〜）の詩の冒頭部分。ジェベルスというペンネームで発表した詩集『刺青』（一九八八年）に収められた作品。

（＊4）クラーヴス・エルスベルグスのこと。一九五九年生まれ。ラトヴィアの著名な作家ヴィズマ・ベルシェヴィツァの息子、一九八七年二月にユルマラ市の作家協会のビルの窓から転落して死亡。突き落とされて殺された疑いがあるが、真相は藪のなかとなっている。

間を置かずに、一緒に行きたがる生徒が増え、とうとうクラスのほぼ全員となった、数人の臆病者を除いて。

葬儀の当日、午前中の二つの授業が終わると、私たちは更衣室に集合した。いざ出発しようとしたとき、階段の踊り場で担任と校長が待ち構えていた。やっぱり誰かの告げ口があったのだ。

「どこにも行ってはいけません」

校長先生は怒りで青白い顔をしていた。担任の先生はつっ立ったまま、手をこまねいていた。同級生のみんなが私の顔を見た。

「行きます」私は校長先生に言った。「みんな一緒に行きます」

私はふいに自分の内に力を感じた――あのとき、小学校で汗だくの男に母のことを質問攻めにされたときと同じ力を。

「行きます」

私は繰り返しながら、目つきの悪い男と校長先生に、ブルームス先生のことを書かされたときのことを思い出した。あらゆる憎悪が自分の内側にかき集まった。

「行きます。そのあとで、私たち全員を退学にしてください」

私は校長先生の目を見返した。

私たちは群れをつくって前進した。先生たちは階段のところで、二月の霜の上に立ちすくんでいた。

自分たちの小銭をよせ集めて買った花は、墓地に着くまでに凍りついた。そこには、人の海ができていた。私たちもその海にもまれた——そこからもう決して離されまいとして。

——◇——◇——

イェセはまさにワイヤー束ねの達人だった。新しい技を根気強く教え込んでくれたので、私は手を傷だらけにしながら覚えた。特別のかぎ針でワイヤーを木製の柄の小穴にとおし入れ、同じ長さで固く結ぶ。同じ動きを繰り返すだけの単純作業だったけれども、どこか創造的でもあった。イェセは私の器用さに舌を巻いた。

「そういえば、女性の体を縫っていたんだものね」と言った彼女は、はっ、として口を閉じた。

過去をもち出して、私の気を損ねなかったかと気兼ねしたのだ。それどころではなかった。

扉は固く閉ざされていた。

山と積み上がったワイヤーブラシは、イェセが週末に運び込んだ箱にきれいに並べられた。報酬は、彼女が現金でもらってきた。イェセは救急センターの清掃の仕事も続けていて、私の患者たちが診察を求めて私の戻る日を問い合わせているといった話をした。そんな話題で、私の生きる意欲を保つことができると思っているようだった。

ブラシの柄にワイヤーをとおす私の頭のなかは、静かに空虚だった。目を開けたまま眠っているかのように、手だけを動かして同じことを繰り返していた。この手仕事は、私の心を静め、避けがたく迫りくる何者かに備えていた。イェセが娘にひそひそ話をしていたように――「すべてを謙虚に受け入れるの、ワイヤーブラシも。そうすれば、新しい力が心の内に湧いてくる」

私はすっかり本を読まなくなった。イシュメールやウィンストンに悩まされることもなくなった。いずれは別れるこの世に属している彼らが、哀れにさえなった。しかも、決定的な瞬間に、彼らは私を救うことができないのだ。

待ちあぐねた娘が来る日には、できるだけ盛大に歓迎したかった。イェセはその二日も前に近くの町に出掛けて食料を調達してきた。彼女には、自分のテリトリーと手段があった。グリーンピース、ハム、オレンジ、イカ――どれも店頭に見られない品ばかりで、隠されたサプライズだ。ブラシ束ね職人としての私は、救急センターの収入よりもはるかに多くの物資を入手することができた。

　春休みに来た娘は、詩人の葬儀の話をした。それ以来、学校の内も外も全体的にどこか空気が変わったという話をした。

「ママ、今に何か起きるよ。みんなもそう感じているけど、声に出して言わないだけ」

　娘の興奮した声に聞き入りながら、私は自分の内なる予感を口にしなかった。

　食器を洗っていたイェセは、話に熱中する娘を茶化して、布巾を頭上で振りかざして声を上げた――「自由か死を！」

　言った途端にハッとして、申し訳なさそうに私を見た。

「イェセ、ものわかりの悪い子ども扱いをしないで」私はそう言って付け加えた。

「まったく、私たちはみんな、この死のなかに生きているんだわ」

　イェセは黙って皿を娘にわたし、娘がそれを拭いた。テーブルの上で古時計がチクタクと鳴っていた。生は前進していた。


―――◆―――◆―――

学校の最終学年度はただただ疾走した。試験前に、私は再び担任の個室に呼ばれた。

「よく勉強しましたね、その甲斐がありました」

「どんな甲斐ですか?」私は聞き返した。

「あなたは卒業試験が免除されます」

私は声を失った。

「どうしてですか?」

「ストレスが大きすぎます。あなたのお母さんが起こした問題からして、あなたの反応の仕方が予測つきませんからね」

私は冷水をかけられたように立ちすくんだ。おそらく先生は私によかれと思って言っているのだろうが、その温情にこれ以上ないというほど打ちのめされた。

私は口をつぐんだ。

「ありがとうございます。でも、試験は受けたいです。ご心配はいりません」

「よく考えておきなさい。そうしてもいいのですからね」部屋から私を送り出しながら、先生は言った。

その日の放課後、私はまっすぐ帰宅しないで、子どものころに祖父母によく連れていってもらった小さな公園に行った。ほとんど何も変わっていなかった。あのときのままの朽ちかけたベンチ、でこぼこ道、雑草が生い茂る花壇、散らかった砂場、古びたブランコ。春の午後、日向にいた数人の老人を除けば人影はまばらだった。

私は学校カバンを砂場の端に置くと、ブランコに座った。足を蹴って揺らした。上へ下へ、上へ下へ。胃のなかがむずむずする感覚。自分で自分を揺らした。私の揺りかごを母は揺らしてくれなかった。幼心にも、一度として母がそうしてくれた記憶はない。私は自分で動かしてきた。上へ下へ、上へ下へ。自由な動きが止まらないように、足を地面につけないようにした。風が頭を吹き抜ける。暖かい春の風が吹き抜け、頭上には雲一つない空。生きて息をする。私はこの贈り物が欲しい。

長い道草のあと、夜遅くなってから帰宅した。祖父母の目に心配の色が隠せなかった。二人は私の決まり切った日常しか知らなかった——学校と家の往復、宿題をして、時々母に会いに行く。

夕食後、私は勉強を終えるとすぐに睡魔に襲われた。以前に見たことのある夢を見る眠り。私は、母の乳房にへばりついて乳を吸おうとしている。乳房は大きく張って、母乳にあふれているのに、どうしても吸えない。母の顔は見えず、母は手助けもしてくれず、私は一人ひたすら母の乳房と格闘している。ふいに吸えるようになったかと思うと、液体が口に流れ込んできた。ただし、今回は苦くない。ハチミツ入りのカモミールティーの味がして、私は飽くことなくいつまでも吸って飲む。母の乳房は温かく、大きくて柔らかい。

――◇――◇――

「ママ、受かったよ、合格したの、ママ!」
家に駆け込んできた娘が、山積みのワイヤーブラシにつまずきかけた。娘は夢中になって話した――この夏はいつもとは違って、太陽の光に誘われて外に出たくならないように、窓際にぶ厚いカーテンをかけたまま受験勉強に集中したこと。厳しい競争率にもかかわらず、地方出身の女子生徒たちは集団農場《コルホーズ》と国営農場《ソフホーズ》の推薦書があれば、それだけでどの科目でも五点中三点足らずで合格できたこと。文学の試験で運悪くも小説『絹の網』(*1)の資本主義生活の問題点を回答することになったとき、老教授が救いの手を差し伸べてくれたこと。
イェセと二人で、私は娘を心待ちにしていた。夏の厳しい暑さはいつまでも終わらなかった。ワイヤーブラシがうずたかくなるにつれ、私の手は日増しにすり傷だらけになって、暑さにうずいた。

寝つけない夜には、娘の出産前の夏を思い出した。窓辺に立つと私のなかに射す光は胸元で絡まって玉となり、痛みもなく私を突き抜けて首元で再び光り出す。それが同じ光なのかどうか確かめたくて見ようとするのに、首を回したくても回せない――おぼろげな幻影だ。子どもは罪のなせる結果だという考えが頭から離れない。獣に育てられた盗賊の子、金持ちの家の玄関先に籠に入れられて置き去りにされた子、川に流された子。雇い主の子どもを身ごもった女中は、川に投身するか、藪医者にかかってもだえ死んだ。罪の果実を身ごもり中絶した女性は、気が狂って追い出されるか、火あぶりにされた。

そこに、私の娘がいた。盗賊の娘でもなければ罪の結果でもない。我が家の庭に生の喜びに満ちた娘が寝そべり、イェセの植えた色鮮やかな秋の花々とフェンネルの黄色い花の香りが漂っていた。

「ママ、隣で横になったらどう。とってもやわらかい陽差しだよ、草も温かいし」娘が言った。

私は庭に出て、娘の隣に寝転んだ。娘が私の手を取った。

（＊1）（Zida tiklā）ラトヴィアの作家アンドレイス・ウピーティス（一八七七〜一九七〇）が一九一二年に出した社会主義リアリズム小説。

「ブラシで傷だらけだね。ママ、救急センターに戻ったらどう？　せめて試してみるとか。この夏、町で何があったか知っている？　おじいちゃんが、信じられないことだけど全部変わってもうすぐ自由になれるかもしれない、と言ってたよ。ママも、町に戻れるかもしれない。ママは天才的な名医だもの、仕事はきっと見つかるよ」

私は娘の手をしっかりと握って言った――「そうね、自由が来るのを感じる。もうすぐ」「ママの言うことは、いつだってわからない。本心なのか、それともその場しのぎで言ってるだけなのか」と娘は言った。

「本心からの言葉のサイコロを、やみくもに転がしているのよ」

イェセが昼食にしようと呼びかけた――新ジャガにアンズタケのソースとキュウリの浅漬け。

「ミルクはどう？　すぐ近所で、昨日搾ったばかりの」イェセが言った。

「私はミルクはいらない」娘は即答した。

「まだミルクで気持ちが悪くなるの？」私は尋ねた。

「わからない。でも、飲まないほうがいい」娘は切り捨てるように言った。

黙して昼食を取っていると、イェセがとうとう口を切った。そうかと思うと、淀みなく淡々と話し出した。ある世捨て人が、人間にも、人間が生み出した世間にも失望して、山に引きこもった話だった。聞き手を待ちあぐねていたかのように、イェセは夢中で話した。どこでこんな話を知ったのか？　投げ捨てられた紙切れや引きちぎられた本からだ。

　イェセは食べるのも忘れて話し続けた――。

　世間から立ち去りがてら、世捨て人は人間よりも犬よりも忠実な、一本のステッキだけを手にした。世間を離れていく道すがら、険しい山も危険な道わたりも、ステッキを頼りに進んだ。ところが、いつのまにか進むべき道を間違ってしまい、正しい道ははるか彼方に遠のいていた。自力で道を正す気力も体力も失っていた男は、ただそれ以上間違いを重ねまいとして道をそれた。

　ステッキをつきながら、世間を抜け出たと感じられるほど遠くに来ていた――青空をあおぐ山中で自由に空気を吸い、進む道はどこも獣道。とはいえ、現実はそううまくはいかない。まもなくして、彼は自分に対しても、ステッキに対しても、ぶつぶつと不満を唱え出した。そのままふてくされて長い時間を過ごしたあとに、彼はようやく気づいた――世を捨てたと言いながら、ステッキに頼っている自分をそもそも孤独と呼べないのではないか。

　男は川の急流にさしかかる橋に行き、その欄干に手を添えて、忠実な僕《しもべ》であったステッキを浅瀬めがけて放り込んだ。長年の連れあいだけに名残惜しかったけれども、これで世間の重荷からすっきり解き放たれたのだと思った。ところが、さらに遠くに行けば行くほど、世の中がしきりにのしかかってくるような気がした。ステッキがなくなったこれから先は、この重荷をたった一人で背負うしかない……。

イェセはふいに物思いに沈んだかのように、話をやめた。彼女の皿の上では、ジャガイモとキノコソースがすっかり冷めていた。

「イェセはいろんな話をよく知ってるのね、うっかり聞き逃せないよ」と娘が言った。

食卓についていた私の隣に、食事が冷めてしまうほど話したイェセが、もう一方には娘がいた。すべてが私をすり抜けた。イェセの話、窓の外の庭、皿を片づけるときに触れた娘の手の温もり、そのすべてが私をすり抜けた。

――◆――◆――

大学一年生の秋もまた、遠くの国営農場《ソフホーズ》まで収穫作業に行かされた。そんな日も終わりが近いという気配は、そこにも漂っていた。指導部も一般労働者も、誰もが日がな一日酒をあおっていた。

私たち学生は地域の中心地に林立する集合住宅に押し込まれ、そこから地獄のような作業場に運ばれた。腐った穀物は良質の穀物と混ぜることになっていた——そうやって全体量を多めに見せかけていたのだろう。同じく畑のジャガイモも、ひどく老朽化した収穫機でかき集めては、まず箱の底部に石を投げ込んでかさ上げしてから、その上に重ねて入れた。作業の合間をうろついていた農場の所長は、酔いに任せて、「もうどうだっていいんだ」とまくし立てていた。

その数か月は、まるで一年のように長く感じられた。耐えることを強いられた通過地点に、たたみかけるように追い詰められていた。毎晩、私は布団に入って懐中電灯を片手に『ツァラトゥストラ』を読んでいた。そこには、直球の問いかけの答えを私がまだ見つけられないうちに、はるかに理解しがたい結論が述べられていた。

「きみはくびきを脱する権能をそなえた者であるか？　自分の隷属を放棄するや、自分の最後の価値を放棄した者が、たくさんいる。私の兄弟たちよ、私はきみたちに隣人愛［最も近い者への愛］を勧めない。私はきみたちに最も遠い者への愛を勧めるのだ。しかし、きみこそがつねにきみにとって、およそきみが出会いうる最悪の敵であるだろう。きみ自身が、もろもろの洞窟や森のなかで、きみを待ち伏せしているのだ（＊1）」

集合住宅の一室の柵付きベッドの毛布の下で、『ツァラトゥストラ』は私にこう語りかけた。両手は腐った穀物の臭いがし、寝ぼけ眼にジャガイモの収穫機がちらつき、ジャガイモの箱に落ちる石の音が耳に残響していた。

ある日、乾燥室で私はうっかり汚水に足を踏み入れ、両足を膝までびしょ濡れにしてしまった。そのままの状態で、一日中、居室に連れ戻してもらえなかった私は、その夜は眠れないまま明かし、翌朝に高熱となった。同級生が毛布を重ねがけにしてくれ、湯沸かし器をそばに置いてもらって、私は一人部屋に取り残された。火照る身体で意識はもうろうとし、汗に濡れて横になっていた。重たい眠りが奇妙な夢をもたらした。

私は、町の集合住宅の表玄関のドアを叩いていた。おかしなことに鍵がかかっている。窓からは人の顔が出ていた。どれもすでに亡くなっている人ばかり――シベリア行きの列車のなかで子どもに死なれ、とおり過ぎる線路際の土手に死体を捨てた話をしたミグラさん、シベリア送りとなってナチの処刑を免れた話をしたフリッシュさん、始終無口だったメジンスキエネさん。もっと上にある屋根裏の換気窓からは、母が身を乗り出していた。何かを握り締めていた母は手を開くと、私の足下にそれを落とした――風変わりな大きい鍵だった。

窓は次々に閉まり、みんなどこかに消えた。母も屋根裏の換気窓に消えた。私は鍵を拾って、砂を払い落としてドアを開けようとした。鍵は穴につかえて右にも左にも回らず、ドアは開かなかった。私はなかに入りたくてたまらない。祖父母はきっとゆったりと食事をしている、母も戻ってきているんだわ、鍵を投げてくれたんだもの。ところが、ドアは固く閉ざされていた。汗だくで目覚めると、私は肌寒い部屋で毛布にくるまっていた。

体調不良が長引いた私は、農場からの帰宅を許された。祖父母の介護の甲斐あってなんとか動けるようになったとはいえ、大学の一年目はずっと病気がちだった。代わり映えのしない日々が続き、うずたかい本の山だけが別世界に連れ出してくれた。

イェセが母の挨拶と手土産を持ってきた——早く回復するように、イェセと二人で待ちわびている、と。

春学期も、私は成績優秀だった。読書に夢中になりすぎて、本を読みながら吐き気を催して、トイレに駆け込むといったことの繰り返しだったけれども——まるで幼いころにミルクを飲んだときみたいに。『オデュッセイ』や『カラマーゾフの兄弟』を読んでは嘔吐した

(＊1) ニーチェ全集9『ツァラトゥストラ(上)』(吉沢伝三郎訳、ちくま学芸文庫、一九九三年)から該当部分を引用した。

——文字の羅列にめまいがしたのであって、作品が嫌いだったわけではない。

ようやく第一幕が終わって夏がはじまると、私は母に会いに行った。長い闘病と読書漬けのひと冬の間、一度も母に会っていなかった。

駅に出迎えに来た母は、花壇の横に立ったまま、よそよそしく距離を置いていた。まるっきり、あのときと同じだ——学校に出迎えに来て、互いにどう振る舞ったらいいのかわからなかったときと。

私たちは肩を寄せあって、互いに腕を回した。母の手は、かすり傷にすっかり慣れっこになっていた。病床の悪夢で見た母の顔を、私はよく確かめておきたかった——屋根裏の換気窓から奇妙な鍵を投げてくれたとき以来、母を見るのは久しぶりだ。

私たちはいつものように無言のまま歩いた。歩みは時をすり抜けて、かつてすでに起きたとおりに、何もかもがそのままとなった。

美しく咲き誇る初夏の道が、私と母を新しい生へと導いていた。学校で教わっていたとおり、みんなすべてうまくいき、さらによくなって万事よくなる、と。そして、ほんとうに美しい春の道だった。白と黄のアネモネが道端から挨拶をよこした。空は透けるように青く、はるか遠くの匂い立つような静けさにキツツキの音がした。白樺は目にまぶしいほど、鮮やかな新緑をつけていた。澄んだ空気が母のタバコの煙と溶けあって、それまでに経験したことのない、未知へのわくわくする感じをもたらした。離別の悲しみは追い払われ、寂しい幼心は癒やされ、奇跡が約束されていた。

実際、すばらしい夏となった。三人で冗談を言いあっては笑い転げ、ワイヤーブラシを束ね、たっぷり稼いで好きなだけ浪費した。イェセは、買い物をして物質的にも精神的にも満たされて戻ってくると、帰宅した途端に声を上げた――「まるでミルキーウェイのキーセリ(＊2)の岸辺にいるみたい！」

晩夏の夕暮れどき、私は母を川に泳ぎに誘い出した　人気《ひとけ》のない川岸で、私たちは服を脱いで裸になった。恥ずかしそうにしていた母も、いったん水に身を沈めると言った――「ミルクのように温かい」

二人並んで、しばらく水のなかに寝そべっていた。月光が川面にひと筋の明るい道を照らし出した。その道に沿って母が泳ぎ出すと、私もそれに並んだ。力尽きるまで泳いでから、向きを変えて引き返すと、岸に上がった。

（＊2）　果物を甘く煮てとろみをつけたデザート。

娘は八月末に帰っていった。雨が降り続く、肌寒い秋となった。室内をよく暖めておかなければ、ブラシを束ねる手がかじかんだ。イェセは外界からあれこれと、彼女の言う驚きのニュースを仕入れてきた。そして、夜な夜な、まるで予言者のような話し方をした——すべてが変わる、本当にすべてが変わる、もうすぐ自由になれる、と。

「ブラシを投げ出すときかもしれない」イェセはずばり言ってのけた。

「自由になるには、ここはちょっと狭くない？」私は切り返した。

イェセは、私に失望の眼を向けた。

「どれだけ宙ぶらりんでいるつもりなの？　あとどれだけ？」

その夜、イェセの言葉が私の頭から離れなかった。眠れない私の瞼に、人々が群れをなしてのろのろと足を引きずりながら、果てしなく長い道を行く様が浮かんだ。何か手の届かない憧れを目標とするかのように、おぼつかない足取りで進んでいた。右から左へ、左から右へとよろめきながら、それでもやはり生の側に傾きながら。

◇　◇

私はその路上にいなかった。自分の姿は見えなかった。道は分れていた——足を引きずる人々の地上の道と、空へ続くミルキーウェイに。イェセ、そこはきっと狭くない、自由の風に乗って駆け込むことができる。生に追い越されたとしても、きっと生きていける。

時間が妙に加速しはじめた。私は日がな一日部屋に座ったまま、朝が昼に、昼が夕に、夕が夜に移りゆくのを、タバコをふかしながら見つめていた。私の閉じこもりを案じて、イェセが私の家で寝泊まりをはじめた。

私がかかわることのできた一日は、いつもと変わりなかった。二人で遅めの朝食をとり、ブラシを束ね、昼食の準備をした。夕方になるとイェセは救急センターの清掃に出掛け、私は何かしら読み物を手にした。けれど、文字はまるで昼が夜に代わるように目の前を過ぎゆき、何も引っかからず、何も立ち止まらず、何も残らなかった。

イェセが帰宅すれば、夜は娘のことを話題にして娘が来る日を待った。大学二年生になれば一年生のときより忙しくなる。勉強も読書もずっと増えて、時間はますますなくなり、ここに来る暇もなくなるだろう。母と義父に会いたくないか——イェセは遠回しに言った。

「思い切ってブラシの巣を抜け出して、町に出ようか」イェセがもちかけた。

しかし、私にはそんな望みがないばかりか、力が抜けていくのを体で感じていた。どこも痛まず熱もない、あるのはただ奇妙な脱力感。

眠れない夜が続くと、イェセはまるで牢屋の看守となって睡眠薬を管理し、礼拝のパンほどのわずかな量だけを与えてくれた。それが私の喜びであって、救いだった。ほんの一瞬にしろ、一粒半か二粒の小さな白い錠剤は、足を引きずる人々の地上の道から私を引き離した。

娘はクリスマスに来た。二、三日だけでも、とにかくやって来た。プレゼントを持って——母から私に手編みの帽子、イェセに手編みの手袋、義父手製の蝋燭立て。娘から私とイェセのそれぞれに毛糸で編まれた天使——街角で売っていた女性が天使にそっくりだったと言って。

私とイェセにとっては、娘こそがクリスマス最高のプレゼントだった。ますます美しく立派に成長していた。好きな人がいるのかもしれない。娘はその話はしなかった。代わりに本と論理の話をして、『白鯨』と、イェセが睡眠薬同様に厳重にしまい込んでおいたウィンストンの本を借りたいと言った。

娘はやさしい祖母に甘やかされていること、義祖父は心臓を患い、重体となって救急車で運ばれたが、もうだいぶよくなったという話をした。

夕食をすませると、娘はいそいそと部屋に引き込んだ。イェセは娘のベッドのシーツを新調し、ストーブを温めておいた。夜更けになって娘は私の部屋に入ってくると、ベッドの端に腰掛けていつものようにしばらく黙っていた。

「ママ、覚えている？　母親と子どもの絵を描いてくれたことを。臍の緒で結ばれて、陽気に飛び跳ねていた絵のこと」

「なんとなく」私は言った。

「変な気持ちがする。臍《へそ》の緒はとうに切れていて、私たちをつないでいない。そういうものでしょ。でもママは、それで私を支えているの。透明で目に見えないんだけど、とてもしっかりと私をくくりつけている。それで私はママと一緒に揺れている。ママが揺れるところに一緒にいるような気がするの」

私が答えるのを待たずに娘は毛布をかけてくれ、キスをしてお休みを言ってから部屋を出ていった。

——◆——◆——

母の家にいたあの夜、私は自分の部屋で一〇歳の子どもに返って薪ストーブの前に腰を下ろしていた。

ストーブの扉を開けたままにして、熾火《おきび》ができるように風戸をつくった。私は犬と並んで、扉のそばに腰を落ち着けていた。くすぶる熾火はまるできらめく絨毯となって、私たちをどこか遠くにある幸せの国に運んでいくようだった。そこに別れの寂しさはなく、幸せと喜びに包まれているような気がした。誰も人のものを奪うことなく、愛情だけを与えてくれるところ。私は熾火でジャガイモを二つ――一つは自分に、二つ目は犬のぶんとして焼いた。ほかほかのジャガイモを犬と分けあって頬張ると、こんな暮らしも悪くないと思えた。

春になるまで、私はとうとう母のところに行かなかった。何度か町にやって来たイェセは、不安を隠せなかった。母はますます現実を離れて、何時間も部屋に閉じこもって窓の外の一点を見つめているという。母の部屋の天井は、タバコの煙で黄土色に煤けたとか。イェセの口調には、滅多に会いに行かない私に対する非難がましい響きがあった。

「それなら夏になったら、夏にはきっとね」彼女は繰り返した。

私が行くことは、母が我に返って生のスイッチを入れ直す刺激なのだ、と。

生のスイッチを入れる？　私は生まれたときからずっと、母に生のスイッチを入れさせようとしてきたような気がする。ひ弱な赤ちゃんのときも、分別がつかない幼児のときも、気の小さい少女のときも、若い娘となってからも。その都度、母はまるで通りすがりのように生の明かりを消して回った。私がスイッチを入れ、母が消す——明が暗となるまでは、いつまでも引き分けのまま。

でも、外では、一九八九年の夏が燃えさかっていた。街頭にはそれまでとは別の人々が、花と民謡と赤白赤の小旗を鎧として喜びに高揚していた。裏庭にも、路上にも、田舎にも、町にも、生の明かりがあふれていた。それがどうか第九の波となって(＊1)タバコの煙で充満した母の部屋に流れ込み、歴史のあらゆる不公平と、まさにそのときそこに生まれた偶然も含めて、すべての過酷で悲痛な体積を洗い流してくれますように、そして、どうか母の明かりのスイッチの上で留まってくれますように。

ママ、外に出ておいでよ。太陽が燦々と降り注ぐ七月の花咲きほこる庭に！　ママ、出てきてよ、生は今こそはじまろうとしているよ！　そのほかのもろもろは、忌まわしい前置きだったんだよ。これからは違う、自由だよ、ママ、自由は隷従じゃない。

それでも母は、自分の部屋を出ようとしなかった。自由を求めるバルト三国を、手をつな

（＊1）第九の波とは、しばしば神聖な数字と見なされる九番目の波のことで、嵐の海でもっとも危険な高波を指す。

いで結ぶために出てくるのよ——私とイェセが喜びの涙をぽろぽろとこぼしながら迫っても出てこなかった。

そのときつくり上げられる人間の道に一人ひとりの足場が与えられ、私たちはそれぞれの生の、同じ一つの瞬間に、同じ一本の道の上に立って互いに手を差し伸べる。もう二度と誰にも壊されはしない。それが自由なのよ、ママも出てきて一緒に立とうよ。

母は出てこなかった。私とイェセは大勢の人々と手をつなぎながら、間近に迫りくる自由を喜ぶよりも、それを拒んだ母を悲しむ涙を流した。

私は予定を早めて町に戻った。すべての重荷がイェセにのしかかることを意識しながら。列車が駅を通過するにつれ、私を遠ざけていくあの煙たい部屋では、母が半開の窓から八月の庭を眺めているのだろうか。それとも、ただ宙の一点を見つめて何も見ていないのだろうか。

九月の授業はあっけにとられているうちに過ぎた。文学や文法の成り立ちはそっちのけで、教授も学生もみんなが解き放たれたかのようだった。戸外で起きていることだけに関心は集中していた。強大なソ連帝国の屋台骨がぐらつき、崩壊が予告された。それは破滅的な地崩れとなるのか、聖書のごとく神が無から美しい新世界を創造するのか、まったく予測がつかなかった。天国と出るか、地獄と出るか？

一〇月の晴れやかな午後、誰もがラトヴィア人民戦線の第一回大会（＊2）とともにあった。人々は再び母なる祖国を求めていた。祖父母は喜びの涙を隠さなかった。

その夜に電話が鳴った。イェセはしゃくりあげて言葉をつなげられず、まともに話せなかった。母が死んだと言う。私は急いで家を出た。

最終列車で到着した私を、イェセが駅で出迎えた。すっかり体を小さくしたイェセは、顔を悲しみと涙でしわくちゃにしていた。私たちは、秋らしい落ち葉の道を歩いた。一〇月初めとは思えない暖かさだった。

「わからない、わからない、何をやらかしたのか」イェセはさめざめと泣き出した。

イェセが救急センターから戻ったときには、母はもう息がなく横たわっていた。医者を呼んで、死亡を確認した。イェセは子どものように嗚咽《おえつ》した。

私はイェセと並んで歩きながら、母が死んだということがまったく理解できなかった——

（＊2）ラトヴィア人民戦線の第一回大会は一九八九年一〇月八～九日に開催され、ラトビアの独立回復を掲げる広範囲な民族運動を主導した。

そんなことありえない、ただの空想だ。けれども、涙にくれるイェセの言葉は、次々に正反対の事実を明らかにしていた。

イェセは隣人の手を借りて、母の遺体を物置小屋に移しておいた。長テーブルの上に母は、着古したモーニングガウンとウールの靴下という格好で横たわっていた。一つに結わえられた髪の毛は、しばらく梳《と》かしていないようだった。聖母はかつて授けたものを、自ら取り上げていったのだ。

触れてみた母の手は冷たく、ワイヤーの傷だらけだった。私は自分の両手で温めようとしてみたのに、その手は冷たいままだった。

「お湯を沸かしてくれる。きれいにしてあげよう」私はイェセに言った。

うす暗い電球と蝋燭の明かりのもとで、私は母のモーニングガウンのボタンを外した。イェセが服を脱がせるのを手伝った。母が寒がるような気がして、下半身は覆ったままにした。

イェセがお湯とウォッカとタオルを持ってくると、私はタオルを濡らして母の顔からそっと拭きはじめた。目尻には目やにが、唇の端にはパン屑がついていた。唇は、乾いてひび割れていた。私は母の乳房を丹念に拭いた。一度も授乳してくれなかった乳房を眼にしたのは、夜に裸で川に入って泳いだときの、たった一度きりだ。それが、今は目の前にあった――冷たく白く、まばらに黒子《ほくろ》があった。

私はその乳房に触れた。幸運の搾乳場、幸せのミルクボート——それが私の夢から立ち上がり、温かい母乳にあふれ、どくどくと淀みなく流れた。ミルクの海で私はごくごくと飲んだ。真実をもたらした善良な母の、蛇を育てた悪い母のミルクを飲んだ。ミルクはカモミールティーとは違う、とらえどころのない味となって力とエネルギーを私に注ぎ込んだ。はるか彼方から流れてきて、このとき、この肌寒い物置小屋に留まり、さらにここから流れ出ようとした。母の乳房に自分の頭を重ねてみた。温かく塩辛い涙が、母の冷たい体に滲んで溶けた。

イェセが母の足を洗い終えると、二人で服を着せた。

夜が明けて、私は町へ戻った。葬儀までに片づけるべきことがたくさんあった。祖父母とは助けあって細々とした雑事を分担しながら、互いに感情を見せないようにしていた。その間も母に寄り添っていたイェセが、私たちの代わりに涙を流していた。

いつになく暖かい一〇月の空気が窓から注ぎ込む台所で、私たち三人は黙りこくって夕食をとっていた。祖母は青ざめ、義祖父は料理にこぼれ落ちる涙を見せまいとして皿の上に頭を垂れていた。

明日は、母に別れを告げる日だ。祖母は食卓の片づけをすませると、私を台所に引き留めた。まもなくして、白い小包を持ってきた。祖母が、所々錆びついたその結びを解いた。食卓の上のうす暗いランプの明りの下で、小さな包みは開かれた。それは、数本の釘つきの蹄鉄を包んだ産着だった。蹄鉄には幸運を願うお守りの意味がある。私の母は、かつてこの産着をまとえるほど、それほど小さかったのだ。戦争に破壊された路上に落ちていた蹄鉄を、母は娘の幸せな人生を願って拾ったのだった。

奇妙な葬儀となった。進行役なしに静かに、一〇月の太陽と黄色い落ち葉が降り積もる道を進んだ。墓を前にして、私と祖父母とイェセの四人が立った。そして、見知らぬ女性たちが果てしなく長い川のように列をつくり、墓に身を屈めて花を添えていた。ウラギクが、エンジ、白、エンジと三色に重ねられていった。

私たちはイェセと蝋燭を灯した。母が神の懐で安らかに眠れますように。数人の女性たちが無言のまま、私を抱きしめて身体をさすった。そのとき、私とほぼ同世代の若い女性がまっすぐに向かってきてロシア語で言った。

「私の母セラフィマは、あなたのお母さんを私の父だと呼んでいました」

彼女は微笑んだ。

「あなたのお母さんがいなければ、私は生まれませんでした。レニングラードで。今はここに住んでいます。セラフィマは死にましたが、あなたのお母さんを見つけ出してほしいといつも言っていました。今となっては残念だわ」

あなたのお母さんは私の父だった――その言葉が私の耳にこだました。女性たちの感謝の川は墓の前を流れていた――そこに埋葬された私の母は、あなたたちの父だった。

その夜、私はしばらく母の部屋にいた。イェセが生けた秋の花があった。隅々まで掃除されてすっかり片づいていたけれど、机上の灰皿に母の最後の吸い残し、それに飲みかけのコーヒーカップがあった。天井を見上げると、イェセの努力の痕跡が見えた――黄土色の煙の色を削って、ほとんど消してあった――真ん中に小さい円の部分だけを残して。

私は母のベッドに横になった。母の香りがすると思ったのに、しなかった。イェセがシーツを替えたのかもしれない。枕の下に何か固い感触があたった。紙包みだ。開くと、私の膝の上に転がり落ちたものがある――粘土の人形だ。その途端、すべてを、一語一句をモノクロのトーキー映画のように思い出した。単なる記憶でしかなく、些細な事実の何一つとして証明することはできないけれど。母親の胎内にいる子どもを、粘土でつくろうとしたときのことを。

……思うようにできない自分に腹立った私は、不細工な子どもを塊に戻して、初めからやり直した。ほかの生徒たちは、ありきたりのきれいな皿や動物の形をほぼ完成させようとしていた。それらとは違うものをつくれと、私はいったい何に駆り立てられているのだろうか?

私はもう一度粘土のボールをこね回し、机の上を転がし、先生がやってくれたように表面を滑らかにした。再度とりかかるのが怖かった。またどこかで間違って、指の間から不細工な子どもが出てくるような気がした。押し黙った粘土の滑らかな表面を見つめた。生き返らせる? 命を吹き込む? 見回っていた先生が、手助けに近寄って来ていた。私はまだ粘土に手を出せないままでいた。

私は立ち上がり、自分にも、机の上で生まれないまま転がっている粘土の子どもにも手をこまねいて、両手を握り締めた。そうなのだ——みんなが生まれてくるわけじゃない。けれど、みんな死ぬんだ。無力を感じた私はそれを壊してしまいたくなって、握り締めた拳を粘土に押しつけた。そこに先生が来た。「あら、できたわね」

見ると、指の骨の跡が三つのサナギとなって、小さな人間の輪郭をはっきりとなしていた。母の絵ほど正確ではないにしろ、そんな感じがした。

粘土の人形は、今、私の膝の上に横になっていた。それを包んでいた紙に、母は同じ言葉を繰り返し書き連ねていた。

「癒やし人を生みし人よ、われの心を罪深い欲望から癒やしたまえ。生の嵐に転がされたわれを、憐れみの港に導きたまえ。業火と寄生虫と地獄からわれを救いたまえ」

母の葬儀からひと月が過ぎたころ、イェセが私たちを町に訪ねてきた。母の家に住み続けていた彼女は、庭の手入れをし、毎日のように墓参りをしていた。

イェセがずばり――天にも昇る気持ちだ――と言い当てる風呂の儀式を済ませてから、夕食の支度にとりかかった。ローストポークの野菜添えにババロアのデザート――祖母のとっておきのふるまいだった。食卓を整えていると、テレビのある居間から義祖父の叫び声がした――「まさか、早く、早くこっちに！」

私たちが驚いて義祖父のそばに駆け寄ると、テレビに映し出された何千人もの人々がベルリンの壁によじ登って、壁を壊していた。画面のなかは喜びと歓喜がみなぎり、叫び声が響き、涙が流されていた。

「まさかこんなことが起こるなんて、まさか」

テレビに釘づけとなった義祖父が繰り返した。

それは現実だった。目の前で起きていた。私、祖父母、イェセの眼の前で。母だけがいなかった。イェセが頭を抱えて言った。

「本当に自由になれる。なのに、どうして私の声に耳を傾けてくれなかったの？」

訳者紹介

黒沢　歩（くろさわ・あゆみ）

ラトヴィア大学文学部ラトヴィア文学修士。ラトヴィア語講師。主な著書に『木漏れ日のラトヴィア』（新評論、2004年）、『ラトヴィアの蒼い風』（新評論、2007年）、『ラトヴィアを知るための47章』（共著、明石書店、2016年）。主な訳書に、ヤーニス・エインフェルズ著「アスコルディーネの愛　ダウガワ河幻想」（共著、東京創元社『21世紀東欧ＳＦファンタスチカ傑作集　時間はだれも待ってくれない』2011年）、サンドラ・カルニエテ著『ダンスシューズで雪のシベリアへ――あるラトヴィア人家族の物語』（新評論、2014年）、マルタ・グラスマネ著『ラトビアのミトン』（Senā Kltēs, Riga, 2016年）。

ソビエト・ミルク
――ラトヴィア母娘の記憶――

（検印廃止）

2019年９月20日　初版第１刷発行

訳　者　黒　沢　　歩
発行者　武　市　一　幸

発行所　株式会社　新　評　論

〒169-0051 東京都新宿区西早稲田3-16-28
電話　03(3202)7391
振替・00160-1-113487

落丁・乱丁はお取り替えします。
定価はカバーに表示してあります。
http://www.shinhyoron.co.jp

印刷　フォレスト
製本　中永製本所
装幀　山田英春

Printed in Japan
ISBN978-4-7948-1133-2

新評論　好評既刊　ラトヴィアを知るための本

サンドラ・カルニエテ／黒沢　歩 訳

ダンスシューズで雪のシベリアへ

あるラトビア人家族の物語

ラトビア近現代史を背景に、大国に翻弄される家族の悲運を通じて、バルト三国の同時代人の生き様を明らかにするもう一つの20世紀史。

四六並製　408頁　3500円

ISBN978-4-7948-0947-6

黒沢　歩

ラトヴィアの蒼い風

清楚な魅力の溢れる国

美しい街に暮らす人々と家族の素顔、奥深い文化の魅力を清冽な筆致で描く、好評ラトヴィア紀行第2弾。

四六上製　248頁　2400円

ISBN978-4-7948-0720-5

黒沢　歩

木漏れ日のラトヴィア

自然・歴史・文化の様相は？　人々の暮らしぶりは？　バルト三国を独立に導いた「歌の革命」とは？　世界遺産の街リーガに住む日本人女性によるラトヴィア・リポート！

四六上製　256頁　2400円

ISBN978-4-7948-0645-0

表示価格は本体価格（税抜）です。